今野晴貴
Haruki Konno

ブラックバイト

学生が危ない

岩波新書
1602

はじめに

二〇一六年一月、目を疑うようなニュースが配信された。アルバイトの男性が、労働災害（おそらく過労による精神疾患だろう）になるほどの長時間労働を強いられていたというのだ。

うどん店やラーメン店を全国展開するエイ・ダイニング（東京）が昨年四月、アルバイト店員に長時間労働をさせたとして、川崎南労働基準監督署（川崎市）は一二日、労働基準法違反の疑いで、当時の男性社長（三八）ら二人と、法人としての同社を書類送検した。

送検容疑は昨年四月、時間外労働や休日労働に関する労使協定を超え、二〇代男性に一〇時間の時間外労働や休日労働をさせ、休憩を与えないまま最大一六時間の労働もさせた疑い。（共同通信）

アルバイトであるにもかかわらず、過重労働で倒れてしまう。実は今、そんな事態が日本全体で急速に広がっている。

おそらく、多くの読者は理解に苦しむことだろう。アルバイトとは、気楽なものではなかったのか。「フリーター」という言葉が近年流行したように、「自由を求める」働き方のはずだろう、と。

ところが、右にあげたような事例はけっして例外的な事件ではない。外食、小売り、学習塾のチェーン店では、日常の光景になっている。数万円にものぼる商品の買い取りノルマ、休みなしの一〇日連続勤務、休日出勤や他県への出張命令……。大企業が組織的にアルバイトの過重労働を利用していることもある。

アルバイトに過重労働が広がったことによって、もっとも重大な被害を被っているのが高校生・大学生たちだ。学校のテストや授業よりも、アルバイトを優先するように強制され、「単位が取れない」「留年してしまった」「進学をあきらめた」という問題が、全国で一斉に吹き出している。

そして、今では学生を「使い潰す」アルバイトは、「**ブラックバイト**」と呼ばれるようになっているのだ。

最近では学生の親からの労働相談が絶えない。

はじめに

「子どもが家に帰ってこない、学校にも行っていないようだ」
「アルバイト先に連日の出勤を命じられて、大学を退学してしまった」
「高校生の子どもが、アルバイト先でうな重を一〇個も買わされて帰ってきた」

私は若者の労働相談を受け付けるNPO法人「POSSE」の代表として、学生たちの労働相談に関わってきた。これまでに一〇〇〇件を超える高校生・大学生の労働相談に、私たちは対応してきた。また二〇一三年からは弁護士、学者、労働組合の関係者でつくる「ブラック企業対策プロジェクト」の共同代表を務め、アルバイトの実態調査や政府への提言も行ってきた。私たちの相談活動や調査結果からは、問題の背後に産業界の変化、学生の貧困の拡大、教育の変化など、さまざまな要因があることが見えてきた。

さらに、私たちの訴えかけを受けて、政府・厚生労働省も対策に乗り出し、学生向けの労働条件の「自主点検表」を公開した。違法行為が横行していた個別指導塾の業界には、異例の業界全体への指導が出された。

しかし、問題はまったく収束の気配を見せていない。この労働問題は、一過性の問題ではなく、日本社会の根底を揺さぶるような、根深く巨大な社会構造に関わるからだ。

本書では、「ブラックバイト」がなぜ今、これだけの猛威を振るっているのかを、さまざまな視点から考える。まず、学生を雇用する「企業の側の事情」を膨大な事例から読み解いていく。この作業を通じ、なぜ企業が学生を酷使せざるを得ないのか、その理由が見えてくるだろう。

次に、学生側がどうして「ブラックバイト」に絡め取られてしまうのか。彼らの経済状況や学校の実情、そして変化する「若者の意識」の観点から分析を行う。

そのうえで、今、私たちに何が求められているのかを問題提起する。

本書で使用した資料は「ブラック企業対策プロジェクト」の調査結果に加え、NPO法人「POSSE」の労働相談の記録(個人が特定されないように記述している)と、私が授業を行った大学でのアンケートの内容(学生の承諾は得ている)、さらに、私が関係している労働組合(「ブラックバイトユニオン」および「個別指導塾ユニオン」)の事例を主に用いている。企業名が明記されている事例は、当事者に配慮して、事件が紛争化し公になっているものに限っている。

なお、二〇一五年に上梓した大内裕和氏との共著『ブラックバイト』(堀之内出版)は大学教育の現場からの「ブラックバイト」問題の考察を深めている。ぜひ、本書と併せてご参照いただきたい。

目次

目次

1章　学生が危ない——ブラックバイトの実態

「たまたま」ではない

第1章では、「ブラックバイト」の典型的な事例を見ていく。

二〇一五年に、大学生約一〇〇〇人を対象に行われた厚生労働省の調査によれば、学生が就労するアルバイトの業種等は、コンビニエンスストア（一五・五％）、学習塾（個別指導）（一四・五％）、スーパーマーケット（一一・四％）、居酒屋（一一・三％）の順であった。

一方、「ブラック企業対策プロジェクト」が二〇一四年に実施したより大規模な調査（四七〇二人を対象とした）では、「（居酒屋・ファストフード店・チェーンのコーヒー店を除く）その他のチェーンの飲食店」が二九・三％ともっとも多く、「居酒屋」も一八・七％を占める。「学習塾・家庭教師」も一五・六％だった。また、「その他小売（パン屋、弁当屋など）」が一五・五％、「コンビニ」は一五・〇％、「スーパー」は一〇・八％とやはり多数を占めている。

ようするに、学生は「外食業」（居酒屋やファミレスなど）、「小売業」（コンビニやスーパー）、そして「学習塾」で主として働いている。重要なことは、これらの業種の多数が全国規模のチェーン店として展開しているということだ。なぜそれが重要かというと、「ブラックバイト」の事件には、やはりこうした大規模チェーン店が多く含まれており、名の知れぬ企業だけが「たまたま」例外的・特殊的に問題を引き起こしているわけではないからだ。

これから本章で紹介する四つの事例はすべて、全国規模に展開する有名チェーン店である。

1　辞められずに「死にたいと思った」——外食チェーン店の事例

第一の事例は、「しゃぶしゃぶ温野菜」で働いていたAさん(二〇歳、男性)の事例である。「しゃぶしゃぶ温野菜」は、全国に約三五〇店舗を構えるフランチャイズ展開の飲食店だ。そのフランチャイズ本部である株式会社レインズインターナショナルは、「牛角」「かまどか」「土間土間」など数多くの有名飲食店を経営し、年商二二五億円(二〇一四年三月期)を売り上げる大企業である。

お小遣い稼ぎのために始めたアルバイト

Aさんは、大学一年生の二〇一四年五月に求人サイトから、しゃぶしゃぶ温野菜のアルバイト求人に応募した。アルバイトを始めようと思ったきっかけは、交遊費を自分でまかなうためで、週四回ほど働いて月に五万円程度の収入があればよいと思っていた。仕送りは月に一〇万円程度あり、授業料も両親が負担しており、どうしてもアルバイトをすることが必要な経済状態だというわけではなかった。

求人への応募後すぐに採用面接があり、五月中旬から働き始めることになった。当時は知らなかったというが、Aさんが働く店舗を運営するのは、チェーン展開をしている「株式会社レインズインターナショナル」ではなく、「DWE Japan 株式会社」というフランチャイズ企業であった。Aさんはそうとは知らず、「しゃぶしゃぶ温野菜」を経営する大企業に応募したつもりでいたのだ。

働き始めた当初は、Aさんにとって、けっして悪い職場環境ではなかった。契約通り、週四日ほどの勤務になっており、一七時から二三時くらいまで働いた。仕事内容は、洗い場と接客が主で、仕事も楽しかったという。もちろんその頃は、大学にも毎日通っていて、学業との両立もうまくいっていた。

繁忙期と人手不足による勤務の過酷化

こうした状況が変わったのが、二〇一四年の一二月頃だった。ちょうど鍋物の繁忙期であるにもかかわらず、当時、フルタイムで働いていたいわゆる「フリーター」の男性が突然退職してしまい（彼は相当な長時間残業を強いられたうえ、店長からパワハラも受けていたという）、急に忙しくなっていった。さらに、追い打ちをかけるように、四、五人のアルバイトが退職していき、店舗の人手不足は深刻な状況になってしまった。人手不足ゆえに仕事が過密になり、そのためまたアルバイトが辞めていき、いっそう人手不足になるという悪循環に陥っていた。

もともとこの店舗に在籍していたのは、店長一人とアルバイトが十数人だった。そこから五人程度が退職してしまい、残りのアルバイトへの負担は確実に増していた。その後、アルバイトの新規採用はあったものの、その多くが新人であり、教える手間がかかるため、けっして楽にはならなかったという。

その頃には、Aさんも週五日もしくは週六日の勤務となり、営業中の接客や皿洗いだけではなく、閉店後の「クローズ作業」も任されるようになった。「クローズ作業」とは、大量の食器の洗浄と洗い場のシンクの清掃、ドリンクをつくるコーナーの清掃、揚げ物をつくるコーナーの清掃、客席やフロアの清掃などである。深夜のクローズ作業は、年齢や家庭の事情によって担当できない人がどうしても多いため、この仕事を覚えて以降はAさんがもっぱら引き受けざるを得ないようになった。こうしてAさんはお店を回すために欠かせない「戦力」となっていった。

「辞めたくても辞められない」

Aさんは、一二月頃、あまりの忙しさに仕事を辞めたいと思うようになり、店長に退職したい旨を告げた。しかし、それに対し店長は「人数が今でも足りないのに、あなたが辞めたら店が回らなくなる」と言ったうえで、「本当に辞めるのなら、懲戒解雇にする。懲戒解雇になったら就職できなくなるよ」と脅したのである。Aさんは、その店長の言葉を信じてしまい、退職をいったんあきらめている。「懲戒解雇にする」「就職できなくなる」という言葉に、「やばい」と感じたからだ。

二〇一五年の二月には、大学の春休みに入ったことを機に、Aさんは仕込み作業も任されるようになった。仕込み作業の内容は、その日に提供する予定の野菜のカットや、客席のテーブル上のセットなどであった。「しゃぶしゃぶ温野菜」で一日に消費される野菜の量は膨大で、平均すると野菜のカットだけで二時間程度はかかったという。店舗のルールとして、仕込みは一四時から取り掛かり、開店時間の一七時までに終わらせることになっていた。

Aさんが勤めていたこの店舗では、その従業員の多くが高校生と大学生のアルバイトであり、昼前の仕込み作業をできる人は限られていた。また、店長も毎日閉店まで働いていたことや、別に店長業務があることから、仕込みの作業は他の従業員に任せていた。そのため、仕込みをやらせることができる(本来は彼も学校があるので担当できないのだが)Aさんは、ますます「貴重な戦力」と見なされるようになった。実際この頃、Aさんが仕込みのために一番早く店舗に来ることが増えたため、Aさんは店長から店舗の鍵を預けられている。そうすると、今度は自分が出勤するまで店舗が開けられないため(少なくとも店長の出勤時間まで)、Aさんの店舗での責任はますます重いものとなっていった。

仕込みを担当するようになってからは、一四時頃から二六時頃までほとんど休憩もなく働いていた。しかも、「戦力」であるAさんには休日すら与えられなかった。二月から三月にかけては、月に二、三日しか休めなかったのだ。Aさんは体力的にも苦痛を感じるようになっていった。

こうした状況に耐えかねて、Aさんは、三月頃にも改めて辞めたいという意思を店長に伝えている。それに対し店長は、「店舗の衛生状態が悪かった」「皿を割った」などと、Aさんの仕事ぶりを責め立てた。そして、「お前どうやって責任とるんだ。死んで責任をとるしかないぞ」と言い放ち、激しい剣幕で怒鳴り、胸倉を摑まれたという。Aさんは、店長に恐怖を感じ、それ以上退職したいとも言えず、仕事を続けるしかなかった。

一方で、実はこの店長も一月二日から一日も休まずに働いていた。人手が足りない中でなんとかしようと、店長も必死に働いていたことは確かなのだろう。後に店長自身、「学生アルバイトに負担をかけ過ぎないよう、自分ができる限り出勤して穴を埋めなければいけないという意識はあった」と主張している。実際に、Aさんの記憶によれば、一月二日から八月一二日までの七カ月以上ものあいだ、一日たりとも店長が出勤しない日はなかったのだという。

店長からのパワハラと意に反する自腹購入

三月に退職を申し出て以降、店長のAさんに対する態度は段々と冷たくなり、理不尽なパワハラが増えていった。

四月頃からは、些細なミス(皿を割ってしまったことなど)や、そもそもAさんの責任とは言えないこと(二時間コースのお客様が時間通りに帰らなかったなど)を理由に、自腹購入を強いられている。たとえば、食べ放題一〇人分(三万数千円)を一日で買い取らされるといったことがあり、のべ二〇万円以上を支払わされている。しかも、お金を支払っているというのに、商品を提供されることさえなかった。

しゃぶしゃぶ 温野菜
ご利用明細 レシート番号015471
伝票番号 000266 テーブル番号 10
毎度ありがとうございます
[redacted]
ご利用日：2015年04月24日

オーダー	単価	数量	金額
アサヒスーパードライ	¥490	1	¥490
鳥飼	¥630		¥630
八海山	¥880	4	¥3,520
富乃宝山	¥580		¥1,160
澪	¥880	2	¥1,760
ウーロン茶	¥240	2	¥480

12品 小計 ¥8,040
消費税 ¥643
1名様 合計 ¥8,683
お預り明細 現金 ¥8,683
お預り合計 ¥8,683
おつり ¥0
印紙
★ご意見お待ちしております
[redacted]
2015年04月24日 23時45分

しゃぶしゃぶ 温野菜
ご利用明細 レシート番号015453
伝票番号 000175 テーブル番号 10
毎度ありがとうございます
[redacted]
ご利用日：2015年04月23日

オーダー	単価	数量	金額
アサヒスーパードライ	¥490	6	¥2,940
地酒 熱燗	¥680	2	¥1,360

8品 小計 ¥4,300
消費税 ¥344
1名様 合計 ¥4,644
お預り明細 現金 ¥5,000
お預り合計 ¥5,000
おつり ¥356
印紙
★ご意見お待ちしております
[redacted]
2015年04月23日 22時56分

しゃぶしゃぶ 温野菜
ご利用明細 レシート番号015438
毎度ありがとうございます
[redacted]
ご利用日：2015年04月22日

オーダー	単価	数量	金額
温野菜アイス	¥280		¥1,400
クレソン鍋食べ放題	¥3,580	1	¥3,580

6品 小計 ¥4,980
消費税 ¥398
2名様 合計 , 378
お預り明細 現金 ¥10,400
お預り合計 ¥10,400
おつり ¥5,022
印紙
★ご意見お待ちしております
[redacted]
2015年04月23日 00時09分

自腹購入（架空購入）のレシート

四カ月連続勤務と損害賠償請求の脅し

Aさんは、四月一一日に休んだのを最後に、一日も休むことができないまま、退職する八月一一日まで四カ月連続で働かされた。新学期に入ってからも、日中からの仕込み作業は無くなるどころか、それを任される日がさらに増えていき、学校に通えなくなっていった。六月頃には、毎日一三時頃から二六時頃まで働いていたという。

これほどの被害に遭いながら、Aさんが辞められなかったのには理由がある。実はこのとき、店長から多額の損害賠償請求を受けていたのだ。「四〇〇〇万円の損害賠償請求をする」「会社がAさんを訴える準備をしている」「弁護士に相談している」という趣旨の脅迫が何度も行われていた。Aさんはそれを初めて聞いたとき「頭が真っ白になった」という。Aさんは、退職したら多額の損害賠償を請求されると思わされていたのだ。実際、後にAさんが加入することになる「ブラックバイトユニオン」(アルバイトの問題に取り組む学生主体の労働組合)に初めて相談に訪れたときも、一番気にしていたのは「損害賠償請求を止めてもらえるかどうか」についてだった。

これに加えて、Aさんのミスのせいで店長が九月にクビになるとか、Aさんのせいで雑菌が検出され、スーパーバイザーが九月に異動になるといった嘘を店長から聞かされていたために、申し訳ないと思う気持ちが募《つの》り、辞められなかったのだという。

七月から八月にかけては、店長から仕込みが営業時間に間に合っていないことを叱責されて、さらに出勤時間が早まり、一二時前後には出勤するようになった。また、土・日・月は、本来二、三人で担当する仕込みをほぼ一人でこなすようになったため、朝一〇時には出勤して、二六時頃まで働いていた。

テストに出たい。最後の苦闘も虚しく……

七月中頃になり、大学ではテストや課題提出の時期になったが、店長はAさんの学業にまったく配慮する様子を見せなかった。Aさんは、テストや課題提出があるにもかかわらず、仕込み作業が日中から課せられていた。なんとかテストに出ようと自分から〝志願して〟、閉店作業の終了後の二六時頃から翌日の仕込みを行うようにした。店長も概ねそれを〝許可してい た〟という。

しかし、昼頃から一二時間以上働いた後の深夜二時から、早くて朝五時、遅いと朝九時まで続く一人きりの仕込み作業は、過酷を極めていた。Aさんは、仕込みの後にテストを受けに大学に行こうと考えていたが、四カ月近く連続勤務していた体は、それを許さなかった。なんとか仕込みを終わらせても、家や大学で力尽きて寝てしまい、テストを受けることは叶わなかったのだ。そのため、二〇一五年度前期の大学の授業の単位をすべて落としてしまった。

八月初旬には、大学の必修授業の実習があったため（それに出席しないと単位を落としてしまうというもの）、閉店作業後に翌日の仕込み作業をしたいと店長に訴えているが、このときは店長から拒否されている。そのため、翌日も午前中から仕込み作業のため出勤するしかなく、その実習には行けなかった。このときに「もう本当に卒業できなくなる」と思って、「ブラックバイトユニオン」に相談に訪れたという。

ユニオンの相談員との面談では、辞めても損害賠償を請求されないことや、辞めないと命の危険につながりかねないと説得された。しかし、なかなかAさんは信じられないでいた。それだけ職場という密室空間で脅迫され続けていたのだ。そこで、相談員はその場で弁護士にも電話で話をできるようにした。Aさんは弁護士からも「明日辞めても、こうした場合は、法的に当事者の非にならない」と詳しく説明を受けることができた。こうして「辞める」という意思がAさんの中でようやく固まったのが、八月一一日のことだった。

店長「今から家に行くからな。ぶっ殺してやる」

Aさんは、八月一二日に退職を告げると決めていたので、一一日は「今日が最後だ」と思って出勤した。その日も相変わらず店長からさまざまな叱責を受け続けていたが、なんとか耐え抜いて勤務は終了した。もしかすると、「辞める」という決意から、普段よりも店長に対する萎縮がいくぶんか緩んでいたからなのかもしれない。勤務からの帰りがけの深夜二五時過ぎに、店長から電話がかかってきたのだ。店長はAさんの勤務態度に不満を述べたうえで、途中から激昂し出し「今から家に行くからな。ぶっ殺してやる」と脅迫した。Aさんは、「店長が家に怒鳴り込んで来るかもしれない」と思って怖くなり、帰宅後すぐに荷物を持って友人の家に避難した。

Aさん「死にたいと思うこともあった」

Aさんは、ユニオンに相談に訪れたときには、もう大学生活は半ばあきらめており、大学を辞めようかと考えていたという。店長から度重なる叱責を受けていたため、「自分が悪い」という自責の念が強く、家族や友人にもなかなか相談ができなかった。

また、疲れているのに寝つけない、寝ても疲れがとれないなど、不眠やうつの症状も現れていた。Aさんは、ユニオンに相談する前には、何度も「死にたいと思うこともあった」という。

その後、精神科医から、不安障害・うつ状態と診断されている(なお、本書執筆時、Aさんは無事退職した。Aさんと「ブラックバイトユニオン」は残業代不払い、パワーハラスメント、労働災害などの責任について会社と交渉中である)。

2　バイトで就職活動ができない——コンビニチェーン店の事例

ニュースにもなった注目のコンビニ

関西の大学生Bさんがファミリーマートのある店舗でアルバイトを始めたのは、大学五年目の五月のことだった。望んでいた業界への就職活動がうまくいかず留年していたBさんは、それまでも親からは家賃分だけを仕送りしてもらい、家賃以外の生活費や学費は自分のアルバイトで稼いでいた。

奨学金は、返済が大変だと親からの忠告があり、借りていなかった。Bさんはすでに、一年前から近くの全国チェーンの量販店で週四日のアルバイトを続けていた。しかし、就職活動をもう一年続けることもあり、アルバイトをもう一つ掛け持ちして、さらに月五万〜六万円程度稼ぐ必要があった。そのうえ一番希望している業界に就職するには、東京と関西を何度も往復しなくてはならない。その交通費がかかることが、新しくアルバイトを始める理由だった。日中に大学の授業や量販店のアルバイトを終え、帰りがけに夜勤で働ける時間帯・地域という条件で、もう一つのアルバイト先を探した。そこで見つけたのがこのコンビニだった。

このファミリーマートの店舗は、現在勤めている量販店の近くの勤務先という条件で、インターネットの求人サイトで探して見つけた。場所は関西有数のターミナル駅に直結する大型商業施設内で、店もまだ四月にできたばかり。最新のコンビニらしく、店内にイートインも設置され、立地的な話題性もあり開店時にはニュースになったほどの注目店だった。そのため、「働きやすそうだ」という印象を受けたことも、アルバイト先として選んだ理由だった。

面接は店長と二人で行われた。聞けば、会社はフランチャイズ運営会社で、このコンビニチェーンを数店舗経営しているのだという。深夜は勤務する人数が少ないと店長からは言われたが、すでに働いている人をサポートするかたちになるのだろうと、Bさんは納得した。ただ、何より心配だったのは就職活動だった。アルバイトが就職活動の障害になってしまっては本末転倒である。Bさんが就職活動のときはシフトを配慮してほしいと打診したところ、店長は大丈夫だと約束してくれた。また、大学ともう一つの量販店のアルバイトがあったので、一週で働けるのは週二日までだと伝え、それも了承された。それなら大丈夫だと安心し、店長の印象もよかったので、Bさんはここで働くことにした。

こうして、Bさんは無事に採用された。数年前にコンビニ勤務の経験があったために研修に時間がかからないこと、シフトに入れる人員が少ない深夜勤務を希望したことが決め手のようだった。Bさんはこのコンビニにとって、短期間の訓練で、他にあまり人手がいないシフトを負わせることのできる、いわば「即戦力」だったのだ。

面接後に受け取った契約書には「雇用契約期間中は雇入から一年以内は法令に定められる事由以外の理由で自己都合での退職はできない」と記されていた。Bさんがここに込められた意味に気づくことになるのは、問題が起こってからのことである。

一人きりなので休めない

働き始めて、次第にこの店の実態が明らかになっていった。人気店にもかかわらず、働いているアルバイトの人数は万全とは言えない状態だった。アルバイトは全員で十数人。学生は一、二名程度で、いわゆる「フリーター」が多かった。「フリーター」と「主婦」のアルバイトがこの店舗の中心であったが、彼らは日中のシフトを優先されていた。そのため、夜勤を担当できるアルバイトはBさん以外にもう一人しかいなかった。それに加えて、同社は他店舗に数名の社員がいるようで、そのうちの一人が、深夜勤務のヘルプに来ているのだという。Bさんが来てようやく夜勤を三人で回せるようになるというわけだ。Bさんは週二日勤務で、別のアルバイトが週四日、ヘルプの社員が週一日で分担することになった。ギリギリの人員であることは明らかだった。

勤務は、まず日中の研修から始まった。Bさんはもともと他の大手コンビニで働いていた経験があったため、基本的な業務の教育は省略された。研修は店長が付き添うかたちで、レジや備品の場所、チケット業務などについて一日三時間程度を数日間、のべ十数時間受けた。ただBさんの印象としては、以前働いていた大手コンビニのフランチャイズ店舗に比べて、研修にかなり時間をかけていたという。チェック項目のリストもつくっており、レジのミスがあったときのクレーム処理、払い戻しの仕方などマニュアルがしっかりあり、説明も丁寧にされた。納品のスピードも速い。一人一人のアルバイトに、しっかりと仕事が任されていると感じた。

研修がひと通り終わると、深夜の勤務が始まった。勤務時間は二三時から朝六時まで。主な深夜の業務はレジ、店内の掃除、そして何より納品だった。深夜のため、それ以外の業務はほとんどなかった。

同店の直結するターミナル駅の横では、深夜二四時ごろまで高速バスが続々と出発するので、出発間際の二三時から二四時前はお土産などを購入していく客が多く、接客とレジで忙しい。だがその喧騒が過ぎると、客足はほぼ途絶えてしまう。近くのホテルに宿泊する外国人旅行客や出張中のサラリーマンなど、早朝までの六時間、客数はわずか一〇人程度にまで減少する。

ただ、駅周辺には路上生活者が多いため、彼らがイートインのコーナーに溜まり、夜を過ごす場所として利用することも多々あった。その場合には彼らに注意することも仕事のうちだという。朝六時になると次のアルバイトが来るので交代し、そのシフトの仕事は終わる。

最初の夜勤は二人体制で行われ、休憩は四五分とれた。労働基準法上、六時間を超えて働かせる場合には四五分の休憩を取得させなくては違法になってしまう。忘れられないのが、そのとき男性のアルバイト仲間からかけられた言葉だ。「(普段は)休憩ないねん」「いまのうちにとっとき」。

彼の忠告通り、Bさんはすぐに一人勤務になってしまい、休憩はとれなくなってしまった。いわゆる「ワンオペ」(ワン・オペレーションの略)である。このアルバイトの仕事中一番きつかったのは、まさにこの「休憩がない」ということだった。七時間の勤務時間のほとんどの間、職場にはBさん一人しかいないのだから、休憩をとることができないのは当然の結果だ。休憩をとれば店頭から誰もいなくなってしまう。なんとか客が来なそうなタイミングを見計らってバックヤードで待機し、客が来たら戻ってくるというかたちで「休憩」をとったことにするしかない。

しかも、そんな「休憩」すら、ほとんどとることはできない。たしかに接客は少ないのだが、深夜は納品の業務がとても多いのだ。弁当やパンなどの食品、新聞、雑誌などを運送業者から受け取り、数を確認して一人で陳列する。力仕事の上、量が膨大にある。それを朝までに終わらせなくてはならない。時間との勝負だった。その最中、少ないとはいえ客も数人は訪れる。そのときは、レジに戻って接客をすることになる。中国人や韓国人の外国人旅行客もよく来店するため、道を聞かれることもある。路上生活者がイートインを訪れていても、注意している余裕などなかった。

退職するなら家や学校から拉致する？

こうした業務のきつさにも増して、Bさんを悩ませたのが、就職活動とシフトの両立だ。コンビニのシフトは二週間前には組むことになっていた。しかし、就職活動の面接日程はおおよそ一週間前に判明する。店長からは直前にシフトの変更を申し出られると困ると言われており、Bさんは先行きが不安になっていた。

問題が起きたのは八月の上旬だ。この年は採用活動の解禁時期が遅れたため、就職活動が八月以降の短期間に集中することとなり、Bさんも八月、九月に就職活動が集中してしまった。

ある日、シフトの入っている日の前週に就職活動の予定が決まり、すぐに店長に連絡を入れた。だが、シフト作成の期限が過ぎているとして、休ませてもらうことはできなかった。やむなくBさんは、その日の就職活動をあきらめて出勤した。だが数日後、またしてもその翌週に東京で絶対に受けたい面接が入ってしまった。こちらは本命で、これをアルバイトのために逃したらなんのために働いているのかわからない。店長に頼み込んだ結果、その日については調整をなんとかしてもらえたが、代わりにその次の週に三日勤務を頼まれてしまった。だが、その日以降にも就職活動の日程がびっしり詰まっていた。九月にかけて就職活動がますます忙しくなっていくため、シフトを毎回苦労して調整することも、これ以上勤務が増えることも、もう不可能だった。

結局、Bさんはもともとシフトが入っていた八月のある日、就職活動のための移動を優先して無断欠勤してしまった。就職活動よりアルバイトを優先するわけにもいかないし、面接でも約束してもらっていたはずなのだから仕方ないと判断したのだった。

そして当日、シフトの時間になったとき、Bさんのもとには非通知で何度も電話が入ってきたが、東京に向かう夜行バスで移動中のため出られなかった。あとで判明したのだが実家にも、Bさんが無断欠勤したタイミングで会社から電話がかかってきていたそうだ。面接時に親の連絡先を教えてあったのだが、この時間帯はもちろん深夜だ。「息子さんと連絡取れていますか」

という内容だったという。あまりに非常識なので、Bさんの父親が怒鳴ったところ、それ以降は実家に連絡は来なくなった。

店長に「当初からのお約束では就職活動が第一だとお話ししたと思います」と、LINEで退職を伝えると、店長からは、「雇用契約を結んでいるため、こちらの同意がない限りは退職できません。雇用契約書、身元保証書に基づき本人と保証人へ法的な手段を取る事を検討します」と返事があった。「辞めることができない」という話にBさんは驚愕した。

翌日、かかってきた非通知の電話にBさんが出ると、会社の人事部長と名乗る男性だった。なぜ非通知なのかと尋ねると、非通知でしか出ないでしょ、と言われた。そして、それ以降は店長に代わり、この人事部長とやり取りすることになった。

人事部長は、「契約書に自己の都合では辞められないという規定があるはずだ」「損害も出ており、当日は店長が代わりに勤務したので、店長も体調を悪くしており、損害賠償も請求できる」と主張した。それればかりか、退職させることはできないから、シフトに来ないのなら、家や学校などBさんの行く場所に行って「連れ出す」とまで言われた。もはや脅迫だった。本当に実行したら拉致になってしまう。

人事部長はさらに、辞めることそのものにも損害賠償の義務が発生すると主張した。求人広告費、書類作成、研修などに一〇万円かかっているからで、実際に請求するのは一万五二〇〇円だという。

こうした圧迫によりBさんは悩み、体調を崩してしまった。もともとアルバイトと就職活動で過労気味ではあったが、会社から電話が何度もかかってきたことで精神的にも追い詰められたのだ。病院に行ったところ、退職を拒まれたことによる「神経過敏状態(不眠、不安に伴う呼吸困難等)」と診断された。Bさんはこの診断書と退職届を会社に送り、なんとか辞めることを認めさせようとした。

だが、人事部長はそれでもBさんの退職を許さず、もう一つの量販店のアルバイトも辞めたのかと聞いてきた。「他のバイトは続けるのにうちだけ辞めるのはおかしい」というのだ。さらに「退職すると言うなら、もう一つのアルバイト先を調査する」「体調が悪くないことが証明されたら、法的措置をとる」と迫られた。

もともと学費を自らのアルバイトでまかなっているBさんにとって、簡単に仕事を辞めることはできない。だからこそ、就職活動に支障をきたしても、アルバイトを辞められないという事情もあった。そうした中で、体調が悪い中でも量販店のアルバイトまで辞めるわけにはいかなかった。それに対し、このコンビニの人事部長は、自らに従わないならば、その仕事も辞めろと迫ったのである。貧困につけ込んで働かせ、従わないならば、さらなる貧困にたたき落とそうと動く(それが嫌なら、戻って働けということだ)。徹底して足元を見るやり口だ。

Bさんはこの異常な「脅迫」に強く憤った。そこで思い立ち、インターネットで労働相談先を検索し、最終的に「関西学生アルバイトユニオン」と「ブラックバイトユニオン」に相談したのであった。

現在も、最後に働いた月までの二カ月分の給料が未払いのままだ。就職が落ち着き、これまでの自分が受けた被害についてもしっかり責任をとってもらおうと思い、現在、同社との団体交渉を始めているところである。

辞めさせないための「有期雇用契約」

じつはBさんの団体交渉に先立って、「ブラックバイトユニオン」では、すでにこの会社と団体交渉を始めていたという。同社が経営する同じコンビニチェーン(店舗は別)で働いていた別の学生アルバイトからも「辞められない」と労働相談が寄せられており、団体交渉をしていたのだ。

その団体交渉の席では、人事部長の本音が聞かれたという。発言を引用しよう。

「(学生バイトであろうとそれ以外の労働者であろうと)基本的には変わりはない。労働者ですから」「学業というのは、仕事には関係ないことなんですよ」「学業があるから仕事をしないというのは別問題」。彼らは、正社員はおろか、学生アルバイトでも、辞めるのなら損害賠償を請求するのは当然のことだと考えていたのだ。言うまでもないが、正社員であったとしても退職の自由はある。

さらに、次のようにも述べている。「ただ、仕事に対する意識というのは、もつべきだと思うんです」「辞めるということに対して、認められませんと伝えています。有期雇用契約ですから」「契約期限のない方が辞めると言って、アルバイト先が認めないという問題が、いま非常に起きていると思うんです」「それでは困ると。コンビニエンス(ストア)の仕事は三カ月ではものにならないですね」「ですから、なぜうちがちゃんと説明して有期雇用契約をしているかということをご理解いただきたいと思います」。

つまり、人事部長の主張はこういうことだ。コンビニの業務は覚えることが多いのだから、学生アルバイトとはいえ簡単に辞められてもらっては困る。だが、通常の無期契約では引き止めづらい。だから「合法的」に辞められないようにするために、あえて有期雇用契約にしたというのだ。そして、その契約に反するようなら、損害賠償請求をしても当然だというのだ。

だが、有期雇用契約の場合であれ「やむを得ない事由」があれば、労働者は契約期間中に会社を辞めることができる。この店では違法行為があったし、契約時に約束されたはずの就職活動の配慮もされておらず、体調まで悪化させられており、Bさんが退職する理由は充分にあるといえる。また、そんな事情を持ち出さなくとも、アルバイトが辞めたことで「損害賠償が発生する」などというのはおよそ常識のレベルで考えられない。正社員であっても自由に辞められることが法律上認められており、当然アルバイトが辞めたことで法的に損害賠償支払い義務が成立する余地も、前例も存在しない。

会社が労働者に「辞めるな」というためには、相当の対価(賃金や地位)が保障されていることが最低限の条件だ。そうでないアルバイトで雇われ、時給一〇〇〇円にも満たない給与で拘束されている学生に、過剰な「義務」ばかり求めることは、著しく不当な要求だと言わざるを得ない。

しかし実際には、そういった自分の権利が主張できない学生がほとんどであるため、有期雇用契約を盾にされてしまえば、損害賠償を請求することや、家に来ると脅すことが正当化されたものと、この人事部長は思い込んでしまっている。彼らの他にも同社の被害者は多数いるだろう。また、現在も「辞められない」と思って就職活動やテストを犠牲にしている学生がいることだろう。

現実に、「契約」を恣意的に振りかざした強制労働が、現在の日本でまかり通っているのである。

3　社会経験のはずが、進路を断念――塾講師の事例

「社会経験」と思って始めた塾講師

Cさんが塾講師のアルバイトを始めたのは、大学一年生の秋のことだった。夏休みが終わりにさしかかった九月、何か自分にしかできない経験をしたいと思い立ったのだ。実家からの仕送りもあり、生活には困っていなかったが、親にも「社会経験のためにそろそろ働きなさい」と言われていた。

コンビニのアルバイトでは誰にでもできそうだし、つまらない。何か自分が働いたことで結果が目に見えてわかるような仕事がいい。インターネットでアルバイトを検索し始めたCさんの目に止まったのは、塾だった。

塾講師アルバイト専門の求人サイトを探し、下宿から通えそうな塾を見つけた。最近テレビ

CMも見かける、生徒からの人気も業界トップレベルと評される全国規模の大手個別指導塾、「スクールIE」である。仕事内容は「小学生〜高校生の指導」とだけ書かれていた。

面接を担当したのは、教室を取り仕切る教室長。仕事内容には生徒の指導だけではなく、事務や掃除もあるが、大丈夫かと聞かれた。それくらいなら問題ない、とCさんは承諾した。面接結果は合格だった。シフトは、授業と両立できるように週二日、一日一コマ（授業）のみとした。理系の学部に通っているため、担当できる科目は数学と理科を申請しておいた。この塾では、講師が決められた生徒を継続的に担当する制度をとっているが、Cさんは二人を担当することになった。

夏休みが終わり、大学が始まったころ、教室長から相談を受けた。ほかに理科を教えられる講師のアルバイトがいないから、もう一日シフトを増やしてくれないかというのだ。予定も空いていたので、Cさんはシフトを週三日に増やし、担当する生徒は三人になった。

異変が起きたのは、翌年春のことだった。きっかけは、就職を前に、大学四年生の講師アルバイトたちが、五、六人次々と辞めていったことだ。彼らが担当していた生徒が、残った講師たちに振り分けられた。Cさんの担当生徒は一気に増えて九人になった。シフトは当然増え、週五日にまでなっていた。

この教室では、生徒が体調などを理由として、急に予定のコマを欠席することがあると、もともと別の生徒が受ける予定のコマで一緒に授業を受けさせるか、新しくコマを設定することになる。このコマの振り替えのために、週によっては六日勤務することもあった。Cさんは負担を感じるようになっていった。

生徒を他の学生に押し付けないと辞められない

四月になると新しく大勢の生徒が入会し、Cさんの担当はさらに増え、高校生二人、中学生一一人になった。この教室の講師アルバイトの人数が二〇人なのに対し、生徒は約一〇〇人いた。講師一人につき平均四、五人の担当となるはずだが、Cさんら数名の講師に一〇名以上の生徒の担当が集中していた。

Cさんは大学の授業との両立が難しくなったと感じ、「生徒が多すぎます。辞めたいです」と教室長に願い出た。これに対し教室長のとった対応は、「説教をする」というものだった。「お前はここで辞めていいのか」「お前がいてよかったと生徒に惜しまれるくらいになってから辞めろ」「いまのお前はマイナスばかりのままだ」「このままでは辞めさせない」。恫喝と激励の入り混じった「熱い」言葉にCさんは気圧《けお》されたという。Cさんはもともと、自分はあまり仕事ができるほうではないと負い目を感じており、「辞めるべきではないのだ」と思い込んでしまった。

教室長はそれ以降もCさんに厳しい言葉を投げかけた。「こちらが給料を払って、お前は社会勉強できるんだ」「バカ」「なんでこれやんなかったんだ」「おまえは本当に生徒の成績をあげるつもりがあるのか」。Cさんは言われたことを真面目に受け止め、「怒られたまま辞めるのは逃げていく感じで嫌だ。負けちゃいけない」と思ったという。

教室長はそれからも、生徒をさらに増やしていった。Cさんは「新しく生徒を一〇人入会させたけど大丈夫？」と教室長に聞かれたこともあったが、断りようがなかった。頼まれたら断れない状態のCさんに、教室長が新しく入った生徒を振り分けるパターンが確立していった。

担当生徒の少ない講師に比べて、Cさんのように生徒が集中している講師は辞めづらい。自分が担当していた分の生徒が、他の講師に「流れ込んでしまう」からだ。生徒が多い講師ほどつらいのだが、彼らほど辞められず、また、仕事を振られ続ける。Cさんは残った同僚につらい思いをさせるのは悪いと思い、辞めることも、休むこともできなかった。

Cさんがふと「辞めたい」と漏らしたときには、他の講師から「え、辞めるの？」と引き止められたこともあった。自分に生徒が「降り掛かってくる」ことを心配したようだった。誰かに生徒を押し付けなければ、このアルバイトから抜け出すことができない。教室長からは「Cがダムとなって塞き止《せ》めている」と激励されることもあった。経営者自身、Cさんに過剰な責任を負わせ、経営を成り立たせていることを自覚していたのだろう。

Cさんより多忙な学生もいた。「主任講師」という役割に就き、他の講師のカリキュラム(後述)のチェックなどを行う学生アルバイトだ。この学生は、Cさんを上回る十数人の生徒を抱えており、年間の収入が一〇三万円を超えて親の扶養から外れてしまうため、Cさんらに対してもっとシフトに入るように頼んでいたほどだった。

ゴールデンウィーク頃、Cさんは再度教室長に「キャパオーバーなんで、自分の勉学にも影響が出てくるので」と、退職について相談した。すると今度は「担当が減ればいいのか」と提案され、慰留された。生徒の担当講師を変えるには、保護者の許可が必要となる。これから夏休み前の保護者面談があるので、そこで担当を減らすという説明だった。しかし、その期待もあえなく裏切られた。「この生徒を担当できそうなのはCしかいない」と教室長に言われ、担当生徒数が逆に二人増えてしまったのだ。

生徒の定期テストの点が下がると、講師は「反省レポート」

これほどまでにCさんを追い詰めた、この個別指導塾の仕事内容はどのようなものだったのだろうか。

主要な業務である授業は、一コマ九〇分。基本的に一度の授業で、二人の生徒を担当する。集団指導塾のように一度に生徒に講義する形式ではなく、生徒それぞれにテキストを解かせて、順番に解説するという仕組みだ。教える生徒は範囲がそれぞれ異なっていて、学年も違っていたり、中学生と高校生が混在することも普通だ。授業中に解かせるテキストは、本部が用意したデータベースの中から、講師が生徒の必要ごとにどの問題を出すかを選択し、生徒用のオリジナルテキストをプリントアウトすることになる。

授業以外の拘束も大きい。講師は皆、担当の授業の約三〇分前に出勤している。教室長から具体的な出勤時間についての指示はないが、「余裕をもって授業できる時間に来い」と言われていた。生徒が授業前に自習に来て、その際に質問を受けることもある。

毎週金曜日の夜には三〇分ほど講師同士で会議を行い、生徒について情報を共有し合い、指導について検討している。教室長がいないときに教室に保護者から電話がかかってくれば、教室長の代わりに対応することもある。

土日に、生徒募集のためのチラシ折りやポスティング業務を求められることもあった。四カ月に一回ほど、日曜に本部主催で講師数百人が集まる研修に出席させられ、どのように授業をすべきかという講習を受けたこともある。この講習は絶対に出なくてはならない。授業後にテスト問題を回収し、コピーなどもする。保護者の迎えが遅いときは生徒の相手をすることもある。最後に片付けやゴミ箱のゴミを整理するなどして、教室を出るのは二一時三〇分から四〇分となる。

そして、本来の職務である授業では、さらなる負担がかかる。授業時間は、前述のように生徒にテキストを解かせて、一人が演習中のときに、もう一人に解説をする手順となる。生徒が二人とも演習しているタイミングがあれば、報告書を記入する。報告書には、生徒ごとに「今日はこういう授業をしました」「こういう指導をしました」「宿題は何をさせます」「次回は何をさせます」という内容を、一人分につき五分ほどで書く。報告書は記入後に教室長に印鑑を押してもらったあと、最後に生徒に持ち帰らせて保護者に確認を受けるので、気を抜くことはできない。一人一人の生徒のことを考えながらしっかり書く必要がある。個別指導ゆえに、そのサービスの内容と質への「責任」は完全に講師にかかっているのである。

その「責任」を加重するのがテスト対策である。この塾の「売り」は生徒のテスト対策にあったのだが、そのテスト対策もアルバイトの講師にかかっている。しかもテストはただ教えればよいのではなく、「結果」が表れる。アルバイト講師にはその「結果」に対しても責任が問われていたのだ。テスト対策は生徒たちの通常授業の内容、各学校の中間テストや期末テストの日から逆算して、二カ月ごとに計画されることになっている。この計画を立てるところから、すでに講師の「責任」は始まっている。

テスト対策授業の準備をするには、その学校の過去のテストを生徒から回収してコピーし、分析をしなくてはならない。解答のコピーがないテストは、あらかじめ講師が自分で解いて解答を用意しておかなくてはならない。生徒の数も多く、それぞれ勉強の進み具合も違うため、準備には通常の個別指導以上に時間を取られることになる。

そして、生徒の中間・期末テストの点数は厳しく問われることになる。生徒のテストを一人あたり九教科分、すべて結果を回収し、点数が前回のテストより下がった場合、目標としていたはずの点数に達しない場合、講師は「反省レポート」を提出しなくてはならない。Cさんはテストの点数がわずか二点下がっただけでも反省レポートを書かされた。反省レポートでは、生徒が何月までに何点を取るようにするのか、そのためにどのような指導をするのかという対策を提案しなければならない。それが十分に提案できていないと反省レポートは教室長に突き返され、また書き直しが命じられる。教室長からなかなか承認を得られず、五回書き直しさせられたこともあった。実際、生徒の指導の質は学生アルバイトのテスト対策の計画や提案にかかっているのだから、教室長がしつこく追及するのも無理からぬことだろう。

テスト、集中講習の「結果」責任も

さらに通常の個別指導に加えて、テスト対策の集団授業も行われる。定期テストの約二週間前になると、ふだん授業がない土曜日・日曜日に、テスト対策の集団授業が実施されるのだ。最大週五日の通常授業に加えて、週六日や七日の授業を担当させられる。テスト対策の授業は、生徒別の個別指導ではなく、学校別の集団指導となり、土日に九時から一五時過ぎまで行われた。

そのうえ、夏休みや冬休み、春休みには夏期講習や冬期講習、春期講習がある。長期で学校が休みとなるため、授業を一日中詰め込んで、しかも毎日授業を受けさせることができる。塾にとっては稼ぎ時だ。コマ数が多くなれば、塾の売り上げも多くなる。

そこで講師には、これらの講習に備えたカリキュラム作成の業務も課せられる。担当の生徒が休みのあいだ、何日間授業に出席し、出席日に授業を何コマ受け、そこで何を勉強させるのか、綿密に計画させるのだ。これをもとに長期休暇前に保護者面談が行われ、教室長が保護者に生徒の課題と方針を説明し、講習の必要性をアピールする。「○○くんは、基礎となるこの範囲をやります」「理解度八〇%を目指します」、受験生の場合はテストの目標点数などと、詳細な目標設定も講師が考え、提案しなくてはならない。

これらの講習が終わると、塾の模試が行われる。模試の採点作業も講師が行い、模試の点数をもとに、また担当生徒の授業内容を考え直さなくてはならない。

以上のように、通常のカリキュラム、テスト対策、講習、すべての指導内容を講師が考え、実際にサービスを提供し、結果に責任まで負う。いわば、学生講師は塾経営の「営業」の最前線に立っているのである。

塾講師バイトなのに、生徒の生活指導？

講師の「責任」はまだ続く。

すでに見た通常授業のテキスト演習やテスト対策授業、長期休暇の講習に加えて、同塾は講師に対して「丁寧」な進路指導もさせていた。月一回程度、授業の冒頭で一〇分ほど進路指導を行うのだ。Cさんが中学生を担当したときは、以下のような内容だったという。最初の進路指導で聞くのは「夢は何なの？」。こんなことを突然聞かれても、生徒たちはなかなか答えられない。そこでまずは趣味を聞き出す。雑誌を読むのが好きな生徒なら、「編集者がいいんじゃない？」と無理やり提案してみたこともある。

夢を聞き出したら、次は志望校を提案する。「声優になりたい」と聞けば、「じゃあ専門学校に行く必要があるよね」とアドバイスし、そこからうまく志望校を提案していく。

志望校が決まったら、そこに受かるための目標点数を決める。点数は学校が生徒ごとに出すものだが、その第一の要素はテストの点数で、第二は学校の評定だ。評定は、学校への提出物、授業態度などで決まる。講師は生徒の通知書を見て、評定の「関心・意欲・態度」が悪いと、「いつもどんなふうに授業受けてる？　手上げてる？」などと聞き、授業態度を改善するように説得する。

Cさんの勤務する地域では、中学校の内申点は「二年生の三学期の内申点＋三年生の二学期の内申点×二」という公式で弾き出される。そこから、テストで残り何点とる必要があるのかが算出できる。それをもとに「内申点があと何点足りないね」「何を上げていく？」と質問する。講師から具体的な提案はせずに、生徒に「数学なら上げられる」などと言わせることが大事だ。

さらには生徒の一日の日程を書き出して指導したこともある。夜何時に寝て、朝何時に起きて、何時にごはんを食べるのかを聞き出し、勉強していない時間があれば、「この時間、空いているよね」と指摘する。宿題など、生徒の提出物の管理もする。同じ学校の生徒にも聞いて、忘れている宿題がないかどうか、チェックリストまで作成するほどだ。なかなか勉強する気になってくれない生徒に「決められた日までに宿題はやること」「テレビを一時間見たら一時間勉強すること」などの約束事を羅列して印刷して、ラミネート加工して渡すこともあった。

もはや塾講師ではなく、生活指導の教員のような感覚だったという。

このように、生徒の進路指導に対して、講師たちは大きな責任を負わせられていた。同塾の講師には、担当生徒を三人以上退会させたら解雇されるという規定もある。教室長から突然、「この生徒は前回テスト何点だった?」と聞かれて、答えられなかったところ「覚えているのは担当として当たり前だろ」と怒られたこともあった。担当している生徒がどういう性格なのか、どういう家族構成なのか、興味を持てと言われていた。また、担当の生徒でなくても、同じ教室の生徒は顔と名前を覚えろとも言われていた。

だが、こうした厳しさの一方で、同塾の教育方法について、Cさんは疑問も少なくなかった。理系であるため、得意ではないと伝えていたはずの国語の授業を担当させられることがしばしばあったのだ。そもそも面接の際に、担当できる教科について書く項目には「◎」「○」「△」

で印をつけさせられていた。「×」は最初からなかったのだ。教室長には「やってみなければわからない」と言われて国語を任され、やっとのことで対応した。

このように、同塾は確かに丁寧な指導が売りだったのだが、そのクオリティは完全に、講師の頑張りに依存していたのであり、アルバイトの手で綱渡りのように遂行されていたのだ。

少ない対価、失った健康

Cさんがこれだけの「責任」を負いながら、得られた対価はけっして十分だったとはいえない。まず、あれだけ負担のかかる授業の準備やテスト対策の準備の業務には、給料はいっさい支払われなかった。

授業については、一コマ九〇分で一五〇〇円が支払われるものの、授業前後の業務については、勤務報告書に記入した場合には、最低賃金水準の「事務給」が支払われた。だが、すでに見てきたような責任ある業務は、とても最低賃金でやるような仕事ではない。しかも、そうした最低賃金の「事務給」は労基法違反の一五分単位での計算だった。

その上、通常指導のカリキュラム作成には、およそ一時間はかかるのだが、この作業の給料は、生徒一人分につき「〇・二五時間」分の事務給で固定されていた。一人あたり四五分間分の未払いがあると考えれば、十数人の生徒を担当する講師は一回の講習のカリキュラム作成につき、約一〇時間分の未払いとなっていた。

　これらの対価はCさんの労働に対し、十分なものとはいえないだろう。その一方でCさんは自らの健康と、学業に励む機会を失ってしまったのだ。

　Cさんの睡眠時間は、徐々に短くなっていった。塾の仕事を終え、家に帰ると二二時半頃。大学の課題をこなさなくてはならず、二三時くらいから勉強を始める。課題を溜め込んでしまうと、大学のテスト期間が生徒たちの中間・期末テスト対策のシーズンと重複してしまうため、まったく追いつかなくなってしまう。そこで、毎日深夜まで勉強せざるをえなかった。

　勉強を終え、就寝するのは深夜一～二時頃。朝は九時二〇分から一限の授業があり、自宅から大学までには三〇～四〇分くらいかかるため、朝七時頃に起きて洗濯や掃除、朝ごはんをつくって食べ、通学。授業中に寝ることが多くなり、友達から心配されるようになった。一六時半に大学が終わると、そのまま塾へ向かう。このサイクルが週五日、ときには六日延々と続いた。

　夏休みは大学がない代わりに、塾の夏期講習が七月最終週から八月の最終週までみっちり入り、週五日間、九時から二一時まで授業で埋まった。空きコマもないわけではないが、最初の八日間は朝から夜まで、連日すべてのコマに指導が入っていた。教室長は午前中は出勤しないため、塾の鍵を預かって鍵開けをすることもあった。

こうした生活の中で、お盆明けにCさんは体調を崩してしまった。だが、週五日の連続勤務では、塾を抜け出して病院に行くこともできなかった。診察や移動に時間がかかって授業に間に合わないようなことがあったら大変だ。休みたいと相談しようにも、そもそも教室長は午前中は塾にまだ来ていない。誰にも相談できず我慢していたが、心配したアルバイト仲間が車で病院に連れて行ってくれたおかげで、なんとか回復し、そのまま働き続けた。

夏期講習を終えたとき、Cさんは体重が八〇キロから七二キロまで減少していた。これほど痩せたのは生まれて初めてだったという。「社会経験を」と思って、「授業を教えるだけ」と軽い気持ちで始めた塾アルバイトが、過剰な責任のために辞めるに辞められなくなり、学業に支障をきたすどころか、健康まで蝕《むしば》みつつあったのだ。

4 「ワンオペ」の過重労働——牛丼チェーン店の事例

最後に、東京都の牛丼チェーン店「すき家」で働いた大学生Dさん(男性)のケースを紹介しよう。「すき家」では、いわゆる「ワンオペ」が二〇一四年に大きな社会問題となったことが記憶に新しい。「ワンオペ」とは、接客、清掃、調理などの作業をすべて一人の労働者が任される状態を指しており、大変過酷な労務管理である。

その特徴的な問題の一つは、休憩が取得不可能なことにある。二〇一四年七月三一日に、「すき家」を運営する「ゼンショー」から委託を受けて第三者委員会が実施した聞き取り調査によると、アルバイトの約六八％が「四五分以上の休息をとれることはほとんどない」と回答しており、一〇時間以上休憩をとることができず、トイレにも行くことができないというケースも報告している。この「ワンオペ」は過酷な労働であるため人手が不足し、「すき家」では多くの店舗が営業できない事態にも陥った。

Dさんは現在、私が代表を務めるNPO法人「POSSE」でボランティアスタッフを務めている。彼のアルバイト経験によれば、「すき家」では、レジ打ち、調理、注文など顧客対応、店舗の掃除、仕込みなど店舗の運営全般を扱っていたという。

調理を教えてくれたのは留学生

まず、面接と研修は、「すき家」店舗二階にあるトレーニングセンターで行われた。面接で初めて聞かされたのは、Ｄさんは応募をした一店舗で働き続けるのではなく、複数の店舗へのヘルプ（穴埋め）をするということだった。面接の場では断ることもできず、やむなく了承して全部で三店舗を担当することになったという。調理や仕込みについては、店舗に配属されてから先輩にＯＪＴで教えてもらえることになっていると聞いた。

だが、ほとんどの店舗では、ベテランのアルバイトは奥で調理を、新人は前方で顧客対応を担当する。狭い店舗のスペースと限られた人員配置の中で、先輩アルバイトと一緒の作業にとりかかることはあまりない。そのため、ＯＪＴといっても、運良く親切な先輩とシフトが重なれば、客足の途絶えた時間帯に指導を受けられるという偶然まかせの不確実なものなのだ。

Ｄさんの場合には、同じ店舗で働く先輩は来日からまだ三カ月の留学生で、日本語がそれほど流暢ではないこともあり、仕事を十分に教えてもらうことができなかった。

メニューがわからず、Yahoo! 知恵袋を店内で検索

まともに指導を受けられなかったとしても、業務経験が豊富な先輩アルバイトと、二人以上で店を回しているあいだはまだ良い。問題は、まだ仕事を教えられていない段階で、一人だけのシフトを任されてしまったときだ。接客、調理、清掃をすべて一人に丸投げされる、先述の

「ワンオペ」である。

働き始めて七日目の深夜、ヘルプを要請された店舗に向かったDさんは、エリアマネージャーから突然、「今日はワンオペね」と言い渡された。なんの準備もなく出社して初めて知らされ、Dさんは困惑した。まだろくに仕事を習っていないので、注文を受けてもメニューのつくり方がわからなかった。だが、これは珍しいことではない。後で知り合った大学一年生のアルバイトは、二日目でワンオペになったらしく、電話でマネージャーに聞きながら盛り付けをしたと聞いた。

Dさんは店舗に着くと、「誰も客が来ないように」と必死に祈っていたが、客は来てしまった。Dさんもこのとき、エリアマネージャーに調理方法を聞こうと電話したものの、肝心なときに繫がらない。

「ヘルプ」で呼ばれた馴染みのない店舗だったため、マニュアルが置いてある場所もわからない。メニューの写真を見て、見よう見まねで調理していたのだが、限界に突き当たったのが、「メガ丼」だ。メニューの写真を見ても、ご飯の上に乗っている肉の量がよくわからない。Dさんは藁《わら》にもすがる思いで、スマートフォンで検索したところ、なんとYahoo!知恵袋に、今まさに聞きたいと考えていた質問が投稿されていた。Dさん以前にも、同じようにメニューのつくり方がわからず、ネットを頼った「すき家」のアルバイトがいたのだろう。肉はお玉何杯分、何グラムというところまで詳細に記されていた。

さらに、ビールを注文されたのだが、栓抜きの場所がわからず、気が動転してしまい、フォークで栓を叩いたところ、手に刺さって流血してしまった。結局、栓は開かず、客には「ビールを切らしていまして」とごまかして、あきらめてもらうしかなかった。メニューのつくり方もろくにわからず、けがを負い、そのうえ、「ワンオペ」中はまともに休憩もとれなかった。忙しいとトイレに行く時間さえなく、客の切れ目を見て行くしかない。勤務時間は深夜二四時から朝九時まで、九時間ぶっ通しだった。

「ワンオペ」は常態化していた。Dさんはいつも「(客が)来るな来るな来るな……」とつぶやき、客が来ると、客から見えないキッチンで悪態をつくようになっていた。同僚も「ワンオペ」時に客が来ると、見えないところで壁を殴ったり物を蹴ったりしてから接客していたという。

次の担当者が来ない

Dさんは仕事が終わった後、そのまま大学の授業に行く日もあったが、ワンオペなどでひどく疲れてしまうので授業中に寝てしまったり、授業に行けなかったりすることも多くあったという。同じ店舗で深夜に週四、五日のシフトで働いていたフリーターの先輩が倒れて、精神疾患で入院しているという話も聞いた。夏休みの期間に深夜勤務を一二日連続でやったという大学生もいた。

Dさんは、主に深夜帯のシフトに入っていたが、一番困ったことは、朝六時や八時までの勤務のときに次のシフトの人が来ないことだ。「ワンオペ」では、自分が抜けると店が無人になってしまう。仕方なく、次の担当者を待って、一時間も勤務時間が伸びてしまうこともあった。なぜ次の担当者が来ないのか。バイトの寝坊や遅刻ではない。こういった事態が起こるのは、たいていエリアマネージャーが次のシフトに入っているときだった。時間になってもエリアマネージャーが来ないためにDさんが電話をすると、マネージャーは疲れきった声で「あと五分で着く」と答えたが、結局一時間後にやっと到着したということもあった。じつは、Dさんが一人で引き継ぎを待っている時間、エリアマネージャーも他店舗で「ワンオペ」を行っていたのだ。当然、エリアマネージャーも店舗を抜けられず、引き継ぎができなくなってしまう。つまり、最初から人手が足りず、Dさんが時間を延長して働くことを見込んで、穴のあるシフトを組んでいたということになる。そのために授業に間に合わなくなってしまうこともしばしばだった。

駐車場で寝泊まりする正社員

こうしたギリギリの人員で店を回していることの弊害は、他の場面にも現れている。すき家では、週の初めにその一週間のシフトを決めているが、休みの日にも、頻繁に出勤要請の電話がエリアマネージャーからかかってくる。急な要請ばかりで、当日の昼や夕方に、「今日の二二時から来てくれないか」と言われることもしょっちゅうだ。断ることはできるが、エリアマネージャーが常にきつそうな働き方をしているのが、Dさんは気になっていた。

エリアマネージャーは正社員だが、それ以下は、店長を含め全員がアルバイトだった。エリアマネージャーは正社員として、アルバイトの管理責任を全面的に負っている。アルバイトからいつ問い合わせがあるかわからず、シフトに穴が空けば、いつでも現場に赴《おもむ》いて、自分がその穴を埋めなければならない。事実上、二四時間仕事に拘束されていた。Dさんが働く地区のエリアマネージャーは、目の下にクマができ、ひげも剃《そ》らずに生えるままにしていることもめずらしくなかった。学生アルバイトがシフトに入りにくい期間などは、一〇日間も家に帰っていないということや、すき家の駐車場に止めた車で寝ているとこぼしていた。

クレームへの対処

さらに大変だったのは、クレームへの対処だ。Dさんのワンオペ初日は栓抜きが見つからなかっただけだったが、本当にビールを切らしていてそれを客に伝えると、酔っぱらいだった場合などは突っかかられることも多かった。

まだDさんが勤務し始めて間もなかった頃、「責任者を出せ」と言われたのだが、店舗にいたのはDさんとアルバイトを始めてまだ二カ月の一〇代の大学一年生だけ。「ツーオペ」だ。この「先輩」が実質的に「責任者」になるしかなかった。この年下の学生は客にひたすら謝り続けていた。彼がいなければ、自分が責任者になっていたのかと思うと、Dさんは恐ろしく思えたという。

5　社会問題化するブラックバイト

以上、四つの事例を概観してきた。過剰な責任を負わされ、学業に支障をきたす「ブラックバイト」が、学生にとって極めて深刻であると同時に、この問題が大手企業にまで広がり、けって「特殊」な問題ではないことがわかっていただけたことだろう。

今や、こうした学生のアルバイトの問題は「ブラックバイト」として広く社会に知られるようになっている。「ブラックバイト」が社会問題化した経緯は次のようなものだった。

「ブラックバイト」という問題提起

「ブラックバイト」という言葉は、中京大学の大内裕和教授によって二〇一三年に初めて提唱された。大内氏は私が共同代表を務めている「ブラック企業対策プロジェクト」の仲間である。

大内氏の問題提起によれば、近年、学生に対するアルバイトの拘束力が強まる中で、ゼミ合宿の予定が学生同士でどうしても合わせられなかったり、講義やゼミをアルバイトで休む学生が増えるという「異変」が起きていた。そこで、自分の講義に出席している学生に、自分たちのアルバイトの実態についてのアンケートを行ったところ、劣悪な学生アルバイトの実状があることがわかり、さらに、フェイスブックでその結果の一部を発表したところ、全国の学生から「自分も同じだ」との声が膨大に寄せられ、社会現象化していったのだ。

NPO法人「POSSE」にも「長時間労働」や「賃金の不払い」など学生アルバイトの労

働条件に関する労働相談は寄せられてはいたものの、当時はまだ、それがどのような問題で、どのような構造のもとで生じている現象なのかについては、私にはわからない部分が多かった。私は大内氏の招きで二〇一三年一二月、中京大学国際教養学部の「学術講話」で彼と対談した。そこで、「ブラックバイト」が「学生の使い潰し」を引き起こす新たな労働問題、社会問題であることをはじめて共有することができたのだった。

ただ、これをどのように社会に投げかけていくのかについては、困難もあった。「ブラックバイト」の語感からは、非正規雇用のいわゆる「フリーター問題」との区別も難しかったからだ。「ブラック企業対策プロジェクト」では議論を重ね、この言葉の出自が学生たちの実情を受けて発せられていること、「フリーター」と「学生」では求める解決策が異なること(フリーターであれば「正社員化」が解決策だ)から、両者を混同せずあえて区別することが、「ブラックバイト」という言葉の適切な用語法だと判断した。こうして「ブラックバイト」は今日使われている「学生であることを尊重しないアルバイト」という定義がはじめて明確になった(この「定義」はその後の厚生労働省の学生アルバイト問題への対策にも影響を与えているものと思われる)。

その後、「ブラック企業対策プロジェクト」では、私、大内氏、上西充子氏(法政大学キャリアデザイン学部教授)、本田由紀氏(東京大学教育学研究科教授)が協力し、近年の学生アルバイトの就労実態とトラブルを詳細に把握するために、はじめての全国調査を実施した。二〇一四年七月に行ったこの調査では、全国の大学教員の協力を得て、合計四七〇二人の大学生からアルバイトの状況に関する回答を得ることができた。

学生アルバイト全国調査結果

調査の結果、まず、三割(二九・〇%)の学生が、週あたり二〇時間以上就労していることがわかった。そして、アルバイトのために試験や課題の準備時間がとれなかったことがある学生は、全体では約四割(三九・九%)で、勤務時間帯が二二時以降に及んでいる場合に限ってみると、試験や課題への影響がより大きかった。アルバイトのために授業を「たびたび欠席する」もしくは「ときどき欠席する」学生は、一割弱(八・三%)、勤務時間帯が「二四時を超えて五時まで勤務あり」の場合、二割(二〇・四%)に達する。こうした結果からは、学生が長時間労働により学生生活を圧迫され、しかも、深夜営業に充当されることでその問題が拡大していることが見て取れる。

また、勤務先の「シフト」は学生であることを必ずしも尊重していないこともわかった。「シフトを会社の都合で勝手に変えられることがあるか」という質問に約二六%の学生が「よくある」「ときどきある」と回答した。「シフトに入りたくないのに入れと言われた経験」については同じく約三二％、反対に「シフトを削られた経験」についても約三四％の人が「よくある」「ときどきある」と回答した。

シフトを断るとそれ以降の自分のシフトの希望を聞いてもらえないという記述もあった。シフトの強制的な増減問題については、業界による差異が見られ「居酒屋」「ファストフード・コーヒー店」「その他飲食店」で割合が高くなっていた。

さらに、奨学金を利用している学生のほうが、長時間労働を行っている傾向があり、長時間労働の学生の場合には、通学費、通信費、光熱費、家賃などにアルバイト代をあてている割合が比較的高いとの結果も出た。後述するように、学生の「貧困化」がアルバイトの長時間化を招いていることをうかがわせる。

ただ、「アルバイトに時間をとられ、学業に力を入れられない」もしくは「アルバイトで疲れてしまい、学業がおろそかになる」と回答した者が学業の時間を削ってアルバイトする理由（複数回答）は、「お金を稼ぎたいから」五二・四％、「お金を稼ぐ必要がある」四二・七％、「アルバイト先に迷惑がかかるから」三一・三％などであり、経済的理由だけではなく、職場の事情を気遣って「学業に力を入れられない」状況にあることも見逃せないところである。

一方、不当な扱いの経験率は七割弱(六六・九%)で、労働条件を記載した書面を渡されていない学生で高い(八〇・二%)。募集内容と実際の仕事の内容・労働条件が違っていた者は約一割(九・八%)で、これも労働条件を記載した書面を渡されていない学生で高かった(一四・四%)。しかも、八人に一人(一二・六%)は、給与明細も受け取っていない。不当な扱いを経験した学生の半数近く(四八・八%)は、何も対処していなかった。

こうした結果からは、①学生の長時間労働のアルバイトが学業に影響していること、②とりわけ深夜勤務の場合にその影響が見られること、一方で、③勤務先の「シフト」決定のあり方が、学生への配慮を欠いている場合があり、弊害を増していること、④学生の貧困化がアルバイトの長時間化に影響していることが見て取れる。さらに、⑤多くの学生が不当な扱いを経験しているにもかかわらず、問題が解決していないこと、⑥労働条件を記載した書面が渡されていない場合に特にトラブルが多いことなどが明らかになった。

以上の実態は、本書の続く各章で、その原因や対処法を掘り下げて検討していくことになる(なお、ブラック企業対策プロジェクトの調査結果の詳細は、http://bktp.org/news/2790 からダウンロードできる)。

昔からブラックバイトはあったのか?

ところで、このような「ブラックバイト」は新しい現象なのだろうか。昔から、「学生時代にアルバイトばかりやっていた」「責任ある仕事を任された」とか、「店長までやった」と語る三〇代、四〇代の人もいる。そうした経験をした人たちからすると、今日の「ブラックバイト」も何ら珍しい現象ではないのだという。

しかし重要なのは、八〇年代、九〇年代において、近年のブラックバイトに見られる過剰なまでの戦力化が社会に一般化していたなどとは、とうてい考えられないということだ。実際に、大学のゼミが成立しない、バイト先からの電話で授業中の教室から学生が退出するといった状況は起きていなかっただろう。

一九八八年に行われた「大都市労働市場における雇用形態の多様化の実態――学生アルバイト等の有効活用に関する実態調査」という調査がある。この調査結果では、サービス業の学生依存が強まる中で、むしろ事業主たちは学生の都合に合わせるべく苦慮している様子がわかる。

同調査では「学生や主婦の活用上の問題点」として、「自分の都合を優先させる」(四七・七%)、「契約に関わらず簡単に辞める」(三七・四%)、「長く勤めてくれない」(三七・三%)、「欠勤・休みが多い」(三四・八%)、「責任感が乏しい」(三三・九%)などが指摘されている。

そして、この時期の経営者は、「学生の都合」に対して次のように対応している。「勤務日・勤務時間を希望に合わせる」(五一・三%)、「能力や勤続によって賃金を高くする」(四八・二%)が上位を占め、「仕事の意味をよく理解させる」(二七・三%)や「責任のある仕事につける」(二四・〇%)は比較的少数にとどまっている。

この調査結果からも、今日広く見られるようになった、使用者の都合に学生が一方的に順応させられるケースは稀《まれ》であったと考えられる。学生は自分の都合を優先しがちで、むしろ職場はそれを受け止めていたのだ。

厚労省も動き出した

ブラックバイト問題の高まりを受けて、厚生労働省も二〇一五年に一〇〇〇人と規模は小さいものの、大学生を対象とした調査を実施した。

この調査からも「労働条件を記した書面が交付されていない」「賃金の不払い」「休憩がとれない」など、学生アルバイトにおける法律違反が明らかになった。注目すべきは、そうした労使間のトラブルに関する結果の中で、もっとも割合が大きかったのが「採用時に合意した以上のシフトを入れられた」(一四・八%)と「一方的に急なシフト変更を命じられた」(一四・六%)であったことだ。両者はいずれもシフトの問題である。

これは「ブラック企業対策プロジェクト」の調査結果と共通しており、「学生であることを尊重しないアルバイト」の問題が、国の調査でも裏付けられる結果となっている。

そして厚労省は調査結果を受け、二〇一五年一二月二五日には学生アルバイトの多い業界団体に対する以下のような要請文を出した。

1　労働契約の締結の際の労働条件の明示、賃金の適正な支払い、休憩時間の付与などの労働基準関係法令を遵守すること
2　学生の本分である学業とアルバイトの適切な両立のためのシフト設定などの課題へ配慮すること

ここでも、法律遵守と共に、「シフト」の問題がポイントとされている。

さらに、この要請文と同時に、厚労省は大学生などに対する労働基準関係法令の周知・啓発や相談への的確な対応をするなど、学生アルバイトの労働条件の確保に向けた取り組みを今後強化していくことも発表した。

国も対策に乗り出した。「学生であることを尊重しない」ブラックバイト問題は、今や社会問題となっているのだ。

2章　ブラックバイトの特徴

ブラックバイトの三つの特徴

第1章の事例から、「ブラックバイト」の深刻さを理解していただけたことだろう。彼らは職場の中で過剰に戦力化され、期待されている一方で、上下関係によって支配されたうえ、辞めることもできないでいた。本章では「ブラックバイト」の特徴を掘り下げていくことにするが、あらかじめ簡単な鳥瞰図《ちょうかんず》を示しておきたいと思う。

「ブラックバイト」の特徴は三つに分類できる(**表**を参照)。A「学生の「戦力化」」、B「安く、従順な労働力」、C「一度入ると、辞められない」というものだ。

「学生の「戦力化」」(A)とは、学生の生活全体がアルバイトに支配されてしまう状況を指している。職場の中で過剰に「戦力」として期待され、長時間労働や深夜残業、休日出勤が当たり前のように要求される。だが、それにもかかわらず、彼らはあくまで「学生」として、「子ども」のように扱われるために、もっとも「安く、従順な労働力」(B)なのである。法律通りの給与が支払われず、求人や面接での約束も守られないこともある。そのうえ、罰金やノルマを多大に課せられても、従順に従うしかないと思わされてしまう。

表　ブラックバイトの特徴

分　類	特　徴	構　図
A 学生の「戦力化」	①自分がいないと職場が回らない ②過重な責任 ③長時間・深夜勤務，遠距離へのヘルプ ④急な呼び出し，シフトの強要	職場で「戦力」として扱われ，労働者のような生活になっていく．
B 安く，従順な労働力	⑤最低賃金割れの賃金，残業代不払い ⑥偽装求人 ⑦罰金，ノルマ，自腹購入	「学生」「子ども」として扱われ，法律通りの給与が支払われず，上下関係で支配される．
C 一度入ると，辞められない	⑧責任感から辞められない ⑨契約違反・損害賠償で脅す ⑩強迫，暴力	辞めたいと思っても，上下関係や暴力を利用して，辞めさせてもらえない．

そうした「戦力化」の一方、「安く、従順な労働力」として無際限に扱われることで、学生自身の生活は矛盾に突き当たってしまう。そうなると、時に上下関係を背景にした脅迫、暴力も辞さず、引き留められることになる。「一度入ると、辞められない」(C)ということだ。「ブラック」な経営者にとって、「安く、従順な労働力」はとても貴重だからである。

学生にとって「ブラックバイト」は一度入ると抜け出せない「アリジゴク」のような職場である。これから掘り下げていく特徴は、巧妙に、洗練された手法で学生を絡め取る経営手法の全貌だといってもよい。

1　学生の「戦力化」——生活全体がアルバイトに支配される

ブラックバイトのもとで学生は、あたかも「中心的労働者」のように、学生生活全体がアルバイトに支配される。従来の「学生は暇な時間にアルバイトをしている」、あるいは「学生は正社員の補助的な仕事」だけをしていて、「休んでも職場にはそれほど影響しない」という学生アルバイトや非正規雇用のイメージは、ここではまったく通用しない。むしろ、ブラックバイトにおいては、学生生活はアルバイトを中心に設計されるのだ。

①自分がいないと職場が回らない

第一に、ブラックバイトの職場では、「自分がいないと職場が回らない」から、休むことは許されない。第1章で見たしゃぶしゃぶ温野菜の事例でも、すき家やファミリーマートの事例でも、本人がアルバイト先に行かなければシフトを充当できなかった。そうなると、経営者は店舗を開けることすらできない。彼らの仕事はけっして「高度」なものではないかもしれないが、「いなければならない」という重要性は、それぞれの店舗にとって切実である。今日、そうした職場はまったく珍しいものではない。

たとえば、ある大手焼き肉チェーン店で働く大学一年生は、入学直後からアルバイトを始め、キッチンでの仕事に就いていた。シフトに入るのはいつも夜。「締め作業」を任されていたため、朝の四時を過ぎても仕事が終わらず、場合によっては五時過ぎまでかかる。だが、自分が辞めると店長がこの「締め作業」をやることになる。店長との人間関係から辞めづらいと訴えていた。

また、別のあるコンビニの学生アルバイトは、ソフトドリンクの販売を任されていた。「うちは飲料がよく売れるから、しっかり頼むね」と店長は、発注が可能な曜日には毎日出勤して本数を確認するよう、彼に求めた。一日一五分から三〇分ほどの業務だが、その仕事のためだけにシフトに入っていない日も店舗まで行くのは、大変な負担だという。

どの職場でも学生アルバイトは営業に不可欠な人員となっていることがわかる。自分自身が行かないことには、職場の正常な運営ができない。こうした状態は容易に極端なものへと変貌する。正社員抜きに、学生アルバイトだけで店舗を運営するような事態だ。

首都圏のある大学生が働いている個別指導塾は、全国二〇〇〇教室を誇る大手チェーンの教室だが、正社員である教室長が職場からいなくなってしまい、二カ月のあいだ、教室運営を塾講師の学生アルバイトだけで行っていた。

この教室には、もともとは正社員の教室長がいたのだが、春に他の教室に異動になってしまい、そのまま補塡《ほてん》がなされなかった。その代わりに、何年もの講師歴のあるベテラン講師アルバイトの「フリーター」の女性が教室長業務を担うことになった。

この女性は、講師業務と教室長の業務を一人で兼任していたが、特に正社員になったわけでもなければ、給料が上がったわけでもない。講師経験は長いとはいえ、低賃金のまま、慣れない教室長業務を急に一人で任された彼女は、過重労働になり、耐えきれずに塾を辞めてしまった。

その結果、この教室には学生アルバイト講師数名だけが残された。学生たちも、二年ほどしか仕事の経験がなかったが、自分たちで分担し、教室長の業務を担うことになった。彼らの退勤は深夜になり、学業にも支障が出るようになった。同じ会社の別教室でも教室長が最近辞めて、やはりアルバイトだけで教室を運営しているという。もちろん、生徒の保護者には秘密のままだ。

生徒の月謝を預かり、金庫管理をする。講師のシフト管理、中学三年の受験生を含む生徒のカリキュラム作成も講師だけで行った。さらに保護者からの電話対応をこなし、新規申し込みの面談のスケジュール調整や、生徒が急に休むときの連絡確認と、それを受けて代わりの受講日について保護者と講師アルバイトとの日程調整もした。これらの電話連絡は授業中に同時進行で行われ、電話がかかってきたときに担当生徒が少ない講師が授業を抜け出して対応していた。

個別指導塾に限らず、飲食店や小売店でも「学生だけで運営される店舗」はしばしば存在する。一人の正社員が数店舗の店長を兼務していると、実質的に何週間も学生だけで運営されているような場合もあり、それを加算すれば相当数の店舗がアルバイトのみで運営されていることになる。

②過重な責任

学生のみで、あるいは彼らを中心として職場が運営されている状況では、当然学生の「責任」は増大していく。それが第二の特徴である。彼らは常に店舗営業の人員を充当し続けるだけではなく、業務や人員を管理し、サービスの質にも責任を負う。さらには、経営の「結果責任」さえ背負わされることもある。

ここでも典型的な事例を挙げよう。ある全国展開の大手一〇〇円ショップの職場では、日中の運営は基本的に学生が行っていた。正社員はたまに訪れるだけであった。そのうち一人の学生アルバイトは四年生になった頃、徐々にアルバイトのリーダーとしての役割を担うことになっていき、他のアルバイトのシフト作成や新人のアルバイトへの労働条件の説明、テナント元であるショッピングセンターとのやり取りなど店舗運営の業務全般に従事したという。

「責任者」としてクレーム対応に追われることもよくあった。また、この職場ではリーダー以外のアルバイトも重要な仕事を任されていた。金庫の管理やレジの精算、売上金の入金、商品の発注などにアルバイトが責任を持たされており、商品のレイアウトの仕方についても社員は一般的な売り場指導をするだけで、詳細な業務内容はアルバイト任せであった。いうまでもなく、売場のレイアウトは企業の業績に直接的に関わってくる。学生アルバイトは「売り上げへの責任」も負っていたのである。

問題は試験期間中だ。この会社ではアルバイトを休もうと思うと自分で交代要員を見つけなければならず、これは試験期間であろうと例外ではなかった。たいていの学生の試験の時期は重複しているため、試験期間中は学生アルバイトがそれぞれ「落とせない科目」と「捨てる科目」を決めて、試験を優先させる日と、試験よりもアルバイトを優先させる日を調整してなんとか対処していた。

また、夜間のクレーム対応など「接客」に関わる責任も増大している。夜間に訪れた酔っ払った客を相手に、大学一年生の女子学生が対応するようなこともあったという（その客は酔って暴れてけがをし、流血していたという）。女性学生は泣きながらリーダーの学生のところに助けを求めに来た。

こうした夜間の「クレーム対応」には多くの学生が負担を感じている。別のある大学二年生は、深夜二四時まで営業している薬局で働いていたが、二〇時以降は社員が帰ってしまい、代わりにパートやアルバイトが夜間の「責任者」として締め作業まで任される。彼女は「夜間の責任者は普通の時給に五〇〇円プラスされるだけで、社員と同等の仕事や作業をしなければなりません。責任者の中には学生もいて、夜に起こったクレームなどすべて処理しなければなりません。しかも、夜に来る客は酔っ払いなど変な客も多いです。社員も朝早く来ているのはわかりますが、責任を全部押しつけるのはどうかと思います」と訴えていた。

③長時間・深夜勤務、遠距離へのヘルプ

学生が職場にとって不可欠な存在であり、なおかつ営業に責任を負っているからこそ、彼らに対するニーズはますます高まっていく。その結果、第三の特徴として、「学生」でありなが

ら、長時間労働や連日の深夜勤務、さらには遠方の他店舗へ出向いての勤務を求められることになる。

ある大手アパレル会社では「キャンペーン期間中」の一一月には、連日六〜二三時半の出勤が義務づけられる。また、ある大手コンビニでは連続一七時間出勤を命じられた大学生がいた。第1章で見たように、人員が不足した場合には特定の学生に、一挙にシフトが割り振られてしまうからだ。

ファミリーレストランのチェーン店で働いていたある大学生は、採用面接で「土日に入れます」と言ってしまったために、毎週の土日すべてに一二時間勤務のシフトを入れられてしまった。そのうえ、月水金は一日七時間の出勤シフトを求められた。想定外の過密勤務に、店長にシフトを減らしてほしいと申請したところ、「周りの人のことも考えてくれないと困る」と変更を却下されてしまったという。

こうした長時間労働に加え、深夜勤務も学生に集中しやすい。学生は昼間に通学するため、夜にシフトを入れようとするからだ。背景には、「フリーター」や「主婦」と学生が競合し、主に「フリーター」や「主婦パート」が昼間のシフトに入るという事情もある。

その結果、社員は学生の深夜勤務に依存しがちになり、学生は夜から深夜にかけての勤務に選択肢が限定されることも多い。だが、学生は翌日に授業があれば、学校に行く準備をして出勤し、退勤後そのまま学校に向かわねばならない。そして、長時間労働の睡眠不足で授業を受けざるを得ない。

ある大手ディスカウントストアの学生アルバイトは、二〇〜六時の勤務時間で、週五日のシフトを強いられていた。勤務中は一時間の休憩を取得することもできず、閉店時間の午前五時以降も、商品の片付けや、販売数、在庫確認が続き、午前六時過ぎまでの勤務が常態化し、やはり翌日の大学の準備をしてから出勤していた。大学では授業に集中できず、寝てばかりいたという。

こうした状態に「他店舗へのヘルプ」はさらなる負担を強いる。大手居酒屋チェーンで働いていた男子学生の職場では、一七〜二三時と二三〜五時の二交代制が採られていたが、一七〜五時まで連続一二時間勤務する、いわゆる「通し」のシフトもあり、過酷な環境だった。ところがすでに深夜・長時間労働を担っているところに、「他店へのヘルプ」も命じられるというのだ。この学生はかなりの遠隔地に勤務を命じられたうえ、その店舗は早朝三時に閉店で、終わっても帰ることができない。電車の始発まで一人で待っていなければならないのだ。しかも、「最悪だったのは、元日の当日にヘルプと言われ、一人で遠いところまで行かされ、何店舗も回ったことだ」という。

宿泊勤務は社員であっても「出張」に該当するはずだ。長時間勤務や元日営業の多店舗勤務を学生アルバイトが薄給で担っている実態には驚くばかりだ。

④急な呼び出し、シフトの強要

「学生の「戦力化」」が学生生活を侵食するというブラックバイトの特徴は、まだある。「急な呼び出し」と「シフトの強要」である。

「シフトの強要」とは、アルバイトが勤務する日程である「シフト」を、会社側が勝手に決めてしまったり、変えてしまうという問題だ。「ブラック企業対策プロジェクト」の調査結果でも、「シフトを会社の都合で勝手に変えられることがあるか」という質問に約二五％の学生が「よくある」「ときどきある」と回答し、「シフトに入りたくないのに入れと言われた経験」については同じく約三四％があると回答していた。シフトが一方的に決められてしまえば、（学校も含め）私生活の予定は立てようがない。相談事例の中には、会社が勝手にシフトを作成し、それを一方的に通知する職場さえあった。

また、「急な呼び出し」とは、あらかじめ決めていたシフトがあるにもかかわらず、それを無視して直前に「明日入れないか」などと出勤を命じられるという問題だ。場合によっては当日に呼び出しが入ることもある。アルバイト先で、店長やアルバイトが参加するLINE(スマートフォンで操作するソーシャル・ネットワーキング・サービスアプリ。二四時間連絡でき、相手がメッセージを読んだことを知らせる「既読確認」もできる)のグループに入れられることも多く、連絡が二四時間いつでも来るというケースも珍しくない。LINEの「既読確認」もさることながら、電話で直接店長から依頼が来ると断りづらいうえ、シフトを断り続けると、今度は働きたくとも勤務日を入れてもらえないなど、「制裁」を受けることもある。学費を自分で工面している学生であれば、それは死活問題になる。

「バイトリーダー」の場合にはもっと過酷だ。彼らは学生アルバイトを束ねる責任を負うため、他の学生アルバイト同様に緊急の出勤の呼び出しを受けるだけではなく、早朝・学校の授業中・深夜とを問わず、社員や同僚アルバイトたちからの業務上の緊急トラブルなどにも電話で応じなくてはならない。

こうした断ることが難しい「急な呼び出し」や「シフトの強要」は、会社員でいえば「休日出勤」に当たるだろう。「休日出勤」が常態化しては、正社員であっても生活に支障をきたす。それを学生が担うのだ。今日、学生の生活はアルバイトを中心とした「予測不能」なものに再編され、臨戦態勢の「中心的労働者」に変貌させられているといっても、けっして過言ではない。

2 安くて、従順な学生

責任が増している学生アルバイトだが、その待遇はけっして高いとはいえない。むしろ、とても低いといってよいだろう。しかも、ただ非正規雇用として差別され、待遇が低いだけではない。彼らは「学生」という属性から、使用者によって人格的に劣位に置かれ、あたかも「子ども」のように扱われる。その結果として、法律も守られない場合が目立つ。アルバイト先と学生のあいだには、「雇用関係」を超えた強力な上下関係が発生しているのだ。責任は「中心的労働者(戦力)」として扱われる一方で、待遇や関係は「子ども」。ブラックバイトはそうした矛盾を孕んだ特徴を有している。

⑤最低賃金割れの賃金、残業代不払い

まず、学生の給与はとても安いという特徴を持つ。ブラック企業対策プロジェクトの調査で

は、学生アルバイトの平均時給は、全業種で九四四円。一〇〇〇円を切っていた。

仕事別にみると、一番高いものでも塾・家庭教師の一二一七円。居酒屋が九三八円、ファストフード・コーヒー店が八八七円、コンビニ・スーパーは八六八円だった。もちろん、地域によって賃金水準は変わってくるが、この調査の対象となった大学の六七・二％が関東にあり、そのほとんどが東京である。調査当時（二〇一四年七月）の東京都の最低賃金が八六九円であることを考慮すると、飲食や小売業のアルバイトの時給は、そのほとんどが「最低賃金ギリギリ」だと考えられる。

さらに、同調査ではアルバイト経験者のうち「準備や片付けの時間に賃金が支払われなかった」と答えた学生が一六・七％、「仕事が延びても残業代が時間通り支払われなかった」が一四・一％だった。時給が低いうえ、広く「賃金の一部不払い」が横行している。

違法な賃金不払いの代表的な手法に、個別指導塾における「コマ給」と呼ばれるものが挙げられる。第1章の事例でも見られたように、「授業の時間」だけに給料を支払い、授業の前後の業務については、一定額のみ、あるいはまったく払わないという仕組みだ。この違法な労務管理は、「個別指導塾ユニオン」が二〇一五年に問題化し、厚生労働省に指導を受けるまでは、業界ぐるみで公然とまかり通っていた。

個別指導塾最大手・明光義塾のフランチャイズ本部が運営する教室を例にとろう。同社の仙台市内の教室では、一日の勤務につき、授業時間九〇分に対する「コマ給」(一六〇〇円)と、最初の授業前の一〇分間と、最後の授業後二〇分間分の計三〇分間分に対し、一日あたり四〇〇円が支払われていた。しかし実際には、授業前・授業後の労働時間は一時間半を超えることが多く、毎日一時間以上の授業外業務が未払いのままだった。一日一コマの日には、労働時間三時間に対して二〇〇〇円しか支払われず、時給に換算すると六六七円になってしまう。

「コマ給」の他に違法な低賃金の手法として目立つのは「研修」を名目にしたものだ。神奈川の大手の集団学習塾では違法なコマ給に加え、授業とは別に年に数回の研修を強制していた。この研修は一回四時間の拘束に対し、一〇〇〇円が払われるのみで、時給換算すると二五〇円程度である。

「サービス残業」さえ珍しくはない。同県のある個別指導塾で働く大学一年生の男性は、完全無給のサービス出勤に悩んでいる。テスト対策として、テストの前々週と前週の日曜日に、生徒が自習のために教室に集まることになっているが、そこに学生講師はチューターとして出勤を命じられる。休日に丸一日拘束されるにもかかわらず、一円たりとも支払いがなく、交通費さえ支給されない。

こうした賃金不払いを正当化し、受け入れさせているのは、学生の仕事に対するまじめさや、会社に対する「従順さ」である。ある焼き肉チェーン店では、アルバイトに記名式のアンケートを書かせていた。その中で「あなたはサービス残業をする意味がわかるか」などの項目があり、その場で「わかる」と回答するのが「常識」のようになっていた。

⑥偽装求人

このように、サービス残業や無給の休日出勤は、学生の「まじめさ」や「従順さ」を利用して巧みに押しつけている。だが、学生アルバイトに対する低賃金化の戦略は、さらに洗練された手法を採る。それが「偽装求人」である。募集要項とは異なり、勤務後にまったく別の労働条件を言い渡すのだ。

たとえば、大手のアパレルチェーン店で働く大学二年生の事例が典型的だ。彼女はオープンスタッフとして時給一一〇〇円で応募したのだが、その一一〇〇円はオープン一カ月のみで、それ以降は九〇〇円にされてしまった。はじめの一カ月だけが一一〇〇円だとは、募集要項には書かれていなかったという。また、繁忙期にシフトを出したところ、朝七時一五分〜夜二二時一五分までの一五時間労働を連続で命じられた。面接の際にはこのことも伝えられなかった。

「これはただの詐欺ではないか」と思われるかもしれないが、この事例のようなことは大手企業でも平然と行われている。コンビニチェーン店、飲食店などでは「完全に真実」の求人を見つけることは難しいほどだ。実際アルバイトを始めてからは、すでに述べた職場の権力関係が発生し、簡単に意見ができない関係になってしまうことを巧みに利用した手法である。

こうした「権力関係」によって当初の求人内容や契約内容を無効化する手法には、多数のバリエーションがある。たとえば、いつまでも「研修期間」などと称して賃金を上げないような方法だ。学生側が「いつまで研修なのか」と聞いても、失敗をあげつらうなどして、研修期間をずるずると引き延ばす。

東京・吉祥寺にある飲食店の事例では、都内の短期大学の一年生が、インターネットの求人サイトで見つけた「時給一〇〇〇円以上。賄《まかな》い食付き(無料)。交通費支給」というアルバイト求人に応募した。ところが、一カ月後のアルバイト代振込日に渡された給与明細を見ると、時給は九〇〇円として計算され、交通費はゼロ。賄いを食べた日は食事代として五〇〇円が給料から天引きされていた。店長に聞くと、「研修期間は時給九〇〇円だよ。言ったでしょう」と言われた。しかし、研修期間の話はまったく聞いておらず、そのような契約も交わした覚えがなかった。そもそも店から契約書も渡されていない。

こうした偽装求人は、厚労省も調べられないし、取り締まってもいない（拙著『求人詐欺』幻冬舎、参照）。アルバイトの「人手不足」が言われる中で、なぜアルバイトの待遇は良くならないのか。それは、給与を上げず、騙《だま》して採用するやり方が広がってしまっているからだ。「意外と時給がいいな」と思ったときは、むしろ「要注意」だとさえいえる。

「フランチャイズ」という落とし穴

「偽装求人」に拍車をかけているのが、外食や小売りチェーン店の大半を占めるフランチャイズの業態である。学生やその両親は「有名企業」だと安心して入職するものの、経営企業はまったくの別物なのが、このフランチャイズ業態だ。求人情報をよく確認しない学生の側の落ち度もないわけではないが、あえて勤務する店舗名のみを大きく打ち出し、運営会社の情報が見えにくくされた求人も少なくない。

冒頭で紹介した「しゃぶしゃぶ温野菜」の事例では、直営店に勤めるものと大学生は勘違いしていた。また、問題の店舗が長時間、過重労働を学生に強いているにもかかわらず、本部は「フランチャイズ企業の責任」として扱い、まったく責任をとろうとしていない。

こうしたチェーン店の安心感やブランドが、学生をブラックバイトへと引きずり込む一因になっていることは否めないだろう。

⑦罰金、ノルマ、自腹購入

学生のまじめさ、従順さを利用した搾取的労務管理は、「罰金、ノルマ、自腹購入」の特徴が組み合わされて、頂点に達する。

コンビニで働くある大学生は、売り上げの金額と、レジの中の残金の誤差が一〇〇〇円以上になると、その差額を補塡させられていた。また、チキンなどの揚げ物メニューをつくる過程で揚げ過ぎて失敗してしまったり、おでんを床に落としてしまったりした際にも、その分を罰金として支払わさせられていた。それを、「失敗をしたのは君だから、しかたがない」と言いくるめられていた。

しかし、大学生になってからブラックバイト問題の報道に触れる中で、この会社の行っていることが法律違反であることを知った。そこで、ある月にレジの違算金の合計額八〇〇〇円の支払いをオーナーから求められた際に、支払いを拒否して退勤した。そうしたところ、次回の勤務の際にオーナーから「帰っていい。店の方針に従わないからクビだ」と怒られ、そのまま店を追い出され解雇されてしまった。罰金以外にも、この会社は従業員にクリスマスケーキなどの季節物の自腹購入も強いており、彼も高校生だった頃に二回ほど、クリスマスケーキを購入させられていたという。

また、ある大学三年生がアルバイトをしていた大手紳士服販売店では、スーツの売上ノルマが全員に課せられていた。スーツや靴を客に紹介する業務で、その売り上げが月間六〇万円となることが目標とされていたのだ。また同時に、メンバーズカードを対応した客の八〇％に受け取ってもらい、情報をその九五％以上から受け取るといったノルマも課せられていた。

実際にこの大学生は目標の半分の約三〇万円分のスーツを売っていたが、六〇万円には到底及ばなかった。ノルマを達成できないと「仕事ができない奴だ」と言われたり、「どうして達成できない」と店長に問いつめられた。この学生は入社して三カ月で辞めたいと店長に申し出たが、店長からは「お前はスーツを安く買うために働いたのだろう」とキツく怒られた。そして店長への恐怖感から、辞めることができなかった。

アパレル店でも商品を自腹購入させられるという相談が相次いでいる。全国一〇〇〇店舗以上を展開する大手アパレル会社に勤務する大学院生は、「無理に購入をお願いすることは絶対にない」「月に上下セットで一着しか買わないバイトさんもいる」と入社時に言われながら、実際には店舗の売上目標に届かなかった日は購入をしつこく要求され、断ると店長に嫌味を言われる。「服でなくても、ストールでもいいから購入して！　あと九〇〇〇円だから」などと言われ（ストールはほかに比べて安い）、今ではアルバイトで稼いだ金額以上の、月に六万円以上もの服をクレジットカードで購入させられている。

さらに、コンビニに勤務する大学三年生の女性は、おでんの売上ノルマを課されたうえ、加熱調理する器材を貸し出され、自宅に友人を集めて販売させられている。この店舗のアルバイトの多くが自宅や友人宅で「おでんパーティー」を開催し、そこで友人たちに「おでんの具」を売りさばいて、何とかノルマを達成しているというのだ。

クリスマスがつらい――「学生は従順」

近年、学生たちのあいだでは、「年末が近づくと憂鬱になる」という声がよく聞かれる。正月やクリスマスはアルバイト先のかき入れ時で、上下関係に支配された学生が、シフトを断れるはずもない。しかもノルマや自腹購入も命じられる。世間の浮いたイベントは、もはや大多数の学生にとって「苦しいだけ」なのである。

あるコンビニチェーン店の元オーナーは、「フリーターに比べ、学生はまじめに働くし言うことを聞く」「だから、なるべく学生を採用したいというのがオーナーたちの本音だと思う」

と話してくれた。逆に、「フリーター」の場合には、学生よりも権利意識が強く、低い待遇ではなかなか店長の言う通りに働いてはくれないのだという。

そもそも、最低賃金に近い賃金で、「呼ばれたら必ず来い」という働かせ方には無理がある。「主婦パート」であれば、家庭責任への配慮も必要だ(もっとも、最近では主婦の「ブラックパート化」も進んでいるが)。使用者から見ると、学生ならば「上下関係」を利用して残業命令がしやすいということだろう。いわば学生は、使用する側から見ると、もっとも「安くて、従順」、つまり使い勝手のよい労働力なのである。

こうした学生の属性を利用した管理は、時に苛烈《かれつ》なものとなる。次に見る「辞めたくても辞められない」という状態は、その極限形態だ。

3　一度入ると、辞められない――「責任感」、脅し、暴力

ブラックバイトに一度取り込まれてしまうと、簡単には辞められない。実際に業務に「責任」を負っている上に、上下関係を利用され、ある種の「倫理観」に訴えかけられるからだ。会社側は学生に無理な要求をしている場合にも、自らの側を倫理的に優位に置く。これは大人、

社会人、経営者が学生に対して持つ「社会的地位の優越」によるところが大きいだろう。学生はそのような訴えかけをされた場合に、ほとんど条件反射的に「自分が悪い」と思ってしまう。

それでも多くの学生は生活と仕事の矛盾をかかえ、いつかは限界に行き当たる。そうなると、さらなる強硬な手段が用いられることになる。

⑧責任感から辞められない

学生は、すでに述べてきたように、職場の中に「戦力」として深く組み込まれている。彼らは実際に企業の営業に不可欠な存在である。だからこそ、会社は簡単に学生を辞めさせることはできないし、学生もそれを理解している。つまり、職場に対して実在する責任への「責任感」で学生は強く縛られている。

先ほどの月六万円の自腹購入を命じられた学生は、「収入よりも支出が多いのはおかしい」と思い、店長に退職希望を伝えたところ、「人手不足だからダメだ。面接で長期間勤務すると言ったはず」「新人教育を真剣に行ってきた社員の思いが裏切られる」などと言いくるめられ、聞かなかったことにされてしまった。さらにその後、店長は同僚たちに「お店のことをまったく考えていない」「わがままな子」と彼女のことを非難し、当人には「このまま退職したらみんなに変なバイトさんだったと思われるよ」と訴えかけることを繰り返した。

また、個別指導塾で働くある学生は、週六日のシフトで働いていた。大学二年生の一二月には、二五日間も勤務していた。一月も四日から働き二三日間も働いた。休めなかった理由はやはり「責任感」だ。この教室では生徒が六〇名ほどいたが、一方で講師は一〇人足らず。彼は担当する生徒数が一三人と多かった。生徒の保護者にも信頼されて、生徒を放り出すわけにはいかなかったという。やがて彼は昼夜が逆転し、大学の授業についていくのがやっとになっていった。病気がちになり、ついには大学に行けなくなり、休学することになった。だが、それでも生徒や他のアルバイト仲間を見捨てるわけにはいかず、自分のための大学は休んでも、塾には通っていた。それから二年が経ち、友人や家族の支えもあり大学には復学したが、心療内科に通い治療を続けている。

学生の「選別」

一方で、アルバイトは店舗の繁閑《はんかん》に合わせ、不必要なときはむしろシフトを減らされることもある。ある学生は「シフトの時間が決まっているにもかかわらず、シフト予定よりも早く勤務が終わり「帰っていいよ」と言われることが多かったです。学生は稼ぐためにバイトをしているのに早上がり続きだと全然稼ぐことができませんでした」と訴える。

しかも、会社が提示するシフトに従わない学生は、積極的に排除される。「このシフトに入らないなら、もうあなたに仕事は与えない」と迫られることも珍しくはない。

さらに、職場にうまく適応できない学生は解雇の対象ともなる。ある居酒屋で働いていた学生は、採用されてすぐに「動きが悪い」などと怒鳴られたうえ、「もう来るな」と一方的に解雇されてしまった。学生たちが辞められない背景には、「責任感」の裏返しとして、責任を果たさなければ簡単に職場から追放されてしまうという恐怖心があることも見逃すことはできない。

⑨契約違反・損害賠償で脅す

「責任感」を利用しても職場への引き留めが限界に行き当たった場合には、さらなる強硬手段が採られる。辞めようとする学生を引き留める第一の強硬手段は、「契約違反だ」「損害賠償を請求する」などと脅すやり方だ。

私たちに相談を寄せたある大学一年生のEさんの事例を紹介しよう。彼は、大学近くのコンビニのアルバイトを探していた。同業界では最低賃金付近の求人が多い中、彼が応募したフランチャイズ会社(第1章のBさんが勤めたファミリーマートを運営しているフランチャイズと同一)が運営するファミリーマートの店舗の求人は「時給九二〇円」となっていた。

ところが、面接で渡された雇用契約書を見ると、その地域の当時の最低賃金である「八三八円」だった。また、そのフランチャイズ会社は複数の店舗を経営しており、自宅や大学から遠い別店舗に異動させられる可能性もあるという。さらに、「タイムカードは店長が押す」「研修期間は無給」などとも告げられた。疑問はあったが、その場で店長に質問したり、応募を辞退することは、大学一年生で初めてのアルバイトをしようとしていたEさんにはできなかった。面接翌日から、すぐに研修が店舗で始まった。しかし、予告通り研修期間分の賃金は「ゼロ」だった。

求人と実際の労働条件が違っていたこと、最低賃金であるうえに研修期間の賃金も払われないなどの環境に耐えかね、彼は退職する旨を店長に電話で告げた。それに対して店長は、「三年の期間の定めのある雇用契約で働き始めたのに、一方的に辞めるのは契約違反だ。損害賠償を払え」と怒り、出勤を強要したのである。

実は、雇用契約書には「三年以内に退職をしたら、採用にかかった求人費用を損害賠償請求する」と書かれていたのだ。再度辞めたいと伝えて電話を切った後も、繰り返し電話がかかってきたため、怖くなったEさんは、店長からの電話を着信拒否にした。すると、「非通知設定」で電話がかかってくるようになり、メールでも同じような趣旨の文章が送られてきた。彼は携帯電話を見ることも怖くなったという。

さらに、店長はEさんの実家に電話をし、Eさんの母親に対して「契約違反で親も連帯保証人だから金銭を支払うように」と脅してきた。採用の際には、Eさんと母親は「身元保証書」を店長に書かされており、その中には「故意又は重大な過失によって貴社に損害をおかけした場合は、本人をもってその責任をとらしめるとともに、私は連帯して、その損害を賠償する責任を負うことを確約します」という文言があった。

その電話で母親が支払いを拒否すると、後日、突然「配達証明郵便」が届き、その中には、「求人広告費一掲載分　金一万五四〇〇円」を支払うように書かれた「支払い同意書」が入っていた。母親がそれらを払わずにいると、さらに店長は「同意書を書いて返送しないのはなぜか？　契約書があるんだからそちらが契約違反。本人を家まで迎えに行く」などと繰り返した。その後も店舗の番号や非通知設定で自宅に電話が来ることが続き、親子とも心身ともに疲弊し、ブラックバイトユニオンへ助けを求めたのである（なお、その後会社の責任をブラックバイトユニオンが追及し、逆に未払い給与を回収している）。

あまりにも多い「損害賠償請求」の脅し

「辞めたら損害賠償を請求する」――。

このフレーズは今日の学生アルバイトが直面する、頻出問題だといっていいだろう。信じがたいことに、業種を問わず、巷《ちまた》にあふれかえっている。

たとえば、首都圏で五〇教室を展開する「代々木個別指導学院」では、契約書に以下の記述があった。

「第六条　乙が年度末に至らずに自己の都合により退職する場合は、少なくとも三〇日前までに退職届を提出し、後任者が決定するまでは責任を持って勤務しなければ、甲は乙に対する損害賠償の請求権ほか法的措置をとるものとする」

もちろん、この契約書を元に法的措置をとっても、裁判所は契約書の記述を無効と判断するだろう。しかし、この契約が無効になると理解できる学生アルバイトはほとんどいない。「脅し」としては十分な機能をもっている。

「契約書による脅し」のやり方もさまざまだ。たとえば、ある学生が家庭教師アルバイトで請求されていたのは、授業用のテキスト代だった。被害者は、首都圏にある家庭教師紹介会社と契約し、中学生を教えていたのだが、入社時にテキスト貸与に関する借用書を書かされていた。そして退職時にテキストを返却すると、請求書が送られてきた。テキストが水に濡れて汚れているから、一万数千円を支払えというのだ。月の給料のほぼ半分にあたる。本当にそんなにするものなのだろうか。内訳を訪ねると、次のような書類が送られてきた。

「今回、貴殿よりご返却いただきました貸与物品を精査しましたところ……(略)……通常使用を超えた破損が確認されました」「貴殿の行為は、弊社の所有物件を破損しただけにとどまらず、弊社の顧客の信用を失墜させるおそれがある行為であり……(略)……今回の件を弊社顧問弁護士へ報告させていただき、×年×月×日までにお支払いいただけない場合は、弊社としては不本意ながら、訴訟や強制執行等の法的措置をとらしていただきます」

テキストを汚したことが顧客の信用を失墜させるなど、とても世間で通用する理屈ではない。だが、学生アルバイトを脅すのにはこれで十分だという判断なのだろう。

さらにもう一つ事例を挙げておこう。

大手飲食チェーン店で働いていた学生からの相談である。アルバイト先ではシフトは店側が決めてしまい、アルバイト本人の希望はいっさい受け入れてくれなかった。学業に支障をきたす前に辞めようと、入社三カ月ほどで辞職した。しかし、この店では辞める一カ月前には言わなくてはならないという「決まり」があると主張し、急に辞めた学生に対して、最終月の賃金（七万〜八万円）を払わなかった。賃金の支払いを求めると、会社は「絶対に払わない」し、逆に「急に辞めたことによる損害賠償を請求する」と言い出したのである。

ある程度法律を理解している者からすれば、辞めることができて当然の状況で、「なぜそんなに脅しを気にしてしまうのだ」と思うような話ばかりだろう。しかし、現実には「脅し」は十分に学生を職場に縛り付ける力を持っている。「簡単には辞められない」という精神的圧迫を与えるだけでも、まじめな学生や、経済状態が乏しい学生には特に有効に作用してしまうのだ。

⑩強迫、暴力

「損害賠償」で足りなければ、今度は強迫や暴力に訴える企業もある。冒頭の「しゃぶしゃぶ温野菜」の運営会社がその典型だが、やはり氷山の一角だ。

たとえば、チェーン店の居酒屋でアルバイトをしていた東北地方の大学生からの相談事例では、一カ月分のシフトが店側に一方的に決められ、それに対してアルバイトは意見を言えなかった。また、客がいない時間帯は「待機」扱いになり、いっさい給料が出なかった。大学一年の四月から始めたこの仕事に対し、彼自身も愛着があり一年間勤務を続けたが、シフトの拘束が学生生活を困難にするため、辞めることを店に伝えた。

ところが、店長は「辞めるのであれば三〇日前に言って、代わりを二人見つけてこい」と退職を認めなかった。それでも辞めたいと伝えると「(辞めたら)殺す。街で歩けなくなるぞ」などと脅迫を受けてしまった。さらには、職場に仲のいい友人もいたため、「お前が辞めたら、他はどうなるかわかっているか」などと脅したという。店長は普段から職場で暴力をふるうこともあったため、友人に被害が出てほしくない一心で、とうとうその店舗を辞めることができなかった。

また、あるとんかつチェーン店では、専門学校に通っていた学生が、週三日の勤務の約束だったはずが、夏休み中に週六日勤務となり、学校が始まってからは週七日の勤務を強制されるようになった。授業に出席もできず、土日さえも休めない状態だった。

彼は店長に休みを頼んだが、「(飲食業なのに)土日休むのは、自分がいなくても同じってことか」「学生あつかいは高校生までだ」などと、怒鳴られた。せめてシフトを変えてほしいと言ったときも、「お前がスケジュールかけや」と怒鳴られ、二週間前に申請しているにもかかわらず、友人の結婚式や親族の三回忌でも休めなかった。同じ店舗の「バイトリーダー」の学生も同じく専門学校の学生だったが、目的だったはずの資格試験の日に、急遽シフトを入れられ断れず、そのまま働いていた。

この職場では、数店舗を束ねる店長がほとんど現場に姿を現さず、たまに姿を現すと「俺は昔ヤンキーだった」などとちらつかせて、実際に「昔の仲間」をこれ見よがしに連れてきた。学生アルバイトが休みの相談をすると、一時間にわたって、学生の左耳が数週間難聴気味になるほどの怒号と説教を浴びせかけたという。仕事のミスなどで見せしめに殴られている先輩のアルバイトを見たこともあり、この学生アルバイトは休んだり辞めたりすることができなくなってしまった。

前節で見たように、学生は責任感やまじめさから、求められれば従順に働く傾向があるし、職場の規律で圧力がかかればそこに順応する者も少なくはない。だが、やはり学生生活と矛盾をきたす無理な働かせ方を要求する以上は、その労務管理は「綱渡り」なのだろう。そこで「辞めさせまい」として現れてくるのが、こうした「むき出しの暴力」という最終手段なのである。

4　高校生にまで広がるブラックバイト

もっとも安く、もっとも従順な労働力

学生の中でもとりわけ「安く、従順な」労働力は高校生だ。ブラックバイトは高校生すらも、搾取の対象にしている。

九州に在住の高校三年生の女性は、近所のスーパーでアルバイトをしている。当初は週二日勤務の約束だったはずが、どんどん店長によってシフトを増やされ、労働相談を寄せた時点では月〜金までの週五回勤務になってしまっていた。彼女は、吹奏楽部に所属しているが、そのアルバイトのために、いつも最初の一五分しか部活に参加できず、ほとんど練習ができなくなった。それでも耐えて働いてきていたが、三年生の夏休み前になって、受験勉強が本格的に始まるタイミングでアルバイトを辞めることにした。

だが、店長に何度退職を伝えようとしても、話をそらされ、「今時間がない」などと言われて、話をさせてもらえなかった。さらに、思い切って退職を告げると「辞めるのは無責任だ」などと店長から叱責され、それ以上強く言えなかったという。一方で、母親からも「ちゃんと

店長に面と向かって話をして辞めないと非常識だからダメ」と言われていた。

最終的にはブラックバイトユニオンに相談し退職することはできたものの、それは秋も深まった頃になってしまった。それによって失われた部活動の時間や、何カ月も遅れた受験勉強の時間がもどることはない。

この事例では、高校生が職場の上下関係から不本意なシフトを決められて悩んでいても、周囲からはむしろ「子どもがトラブルを起こしている」「勝手に辞めようとしている」と見なされている。このように、本来は労働問題であるはずのことが、「高校生」の場合にはむしろ「指導されるべき対象」「何かいい加減なことをしてトラブルになっている」と一方的に見なされがちなのだ。そうした目線が、ますますブラックバイトを助長する。

次のような事例がある。

関東地方の高校一年生、Fさんは近所のコンビニに応募したにもかかわらず、遠くの店舗に異動を命じられた。シフトも店舗が一方的に決める状態だった。Fさんは応募した店舗にもどれないかと店長に直談判したが、店長からは「当面もどれない」と言われたため、辞めたいと店長に電話で伝えると、今度は「ペナルティで三〇〇〇円払え」と要求された。実際に後日給料を受け取りに行ったところ、制服のクリーニング代三〇〇〇円と三カ月以内に辞めたペナルティとして給料が一〇％減額されていた。

さらに、その場で店長とマネージャーとアルバイト店員の三人に囲まれて、「お前が悪いんだ」というようなことを口々に言われた。店長は「殴るぞ」と言って本当に殴ろうとしたが、アルバイトが止めに入った。このとき起こったことを「親には言うな」と言われ、口外しないことの誓約書まで書かされた。店長はこの誓約書を監視カメラに向けて「証拠は監視カメラに撮ったからな！」などと叫んでいたという。

これら二つの事例からは、高校生に対しても大学生と同じように、偽装された求人で募集がかけられ、入社後には従属を強いて辞めさせないというやり方が氾濫《はんらん》していることが分かる。まして、高校生は大学生よりもさらに「大人」に弱い。彼らが自らの意思を職場で通すことはほとんど不可能に等しいだろう。

「労働者」としての権利を認めない

それにしても、高校生からの相談で際立つのは「人権侵害」のひどさである。次の事例からは、その根深さが垣間見える。

高校生の女性からブラックバイトユニオンに相談に来たケースだ。彼女は入院していた祖母が自宅療養になるため、母の仕事中の介護を理由として、アルバイトを退職しようと店長に相談した。すると店長は「しかたがない」と退職を認めてくれたという。だが、その後、店長はこう言い放ったのだ。「病院に確認するから、おばあさんの入院先を教えてほしい。もし嘘だったら、今月の給料は支払わない」。なぜ祖母の入院先の情報を教えなければいけないのか？　彼女は家庭のプライバシーについて店長に教えたくなく、返事に詰まり、給与をあきらめるべきなのかを相談するため、ユニオンに連絡してきたという。

もちろん、退職に関して個人的な情報を差し出す義務などないし、仮に退職理由が嘘だったとしても、給与を不払いにする権利が店長にあるはずもない。店側の立派な刑事法違反である。

こんな事例もある。東京都内の個人経営の焼き鳥屋で働く高校三年生の女性は、受験が近づいてきたため、オーナーに退職を申し出たところ、オーナーは「辞めるならここで働いてきた事実を学校に通報する」と脅したという。彼女が通う学校は、アルバイトを禁止する校則があり、そのことを知っているオーナーは、これを楯《たて》に彼女を職場に縛りつけようとしたのだ。本人は、学校推薦での進学を視野に入れており、学校からの評価を下げることはできない。卑劣なやり口である。

このほかにも、「店長に家の住所がわかっていてやめられない」「家に押しかけてきて、親に迷惑かけたくない」といった高校生からの悲痛な声が多数寄せられる。高校生は安く、貴重な戦力として重宝されている一方で、大学生以上に「一人の労働者」とは見なされず、人権すら蹂躙《じゅうりん》される傾向がある。

3章　雇う側の論理、働く側の意識

前章では、ブラックバイトの特徴を詳しく分析した。だが、多くの読者は、ブラックバイトの実体を知れば知るほどに、ますます「なぜこのようなことになっているのか」との疑問を強くされたのではないだろうか。

本章では、いよいよ「なぜブラックバイトが成立してしまうのか」を検討していく。ブラックバイトを活用する企業の側の論理と、これに入り込んでいく学生側の事情をそれぞれ考察していこう。

1　業界の事情

商業・サービス業の非正規雇用化

企業がブラックバイト問題を引き起こす背景を考えるためには、問題を引き起こしている企業の業種に注目してみる必要がある。なぜなら、これだけ広範にブラックバイト問題が引き起こされてしまう要因は、特定業種の経営手法に内在していると考えられるからだ。もちろん、特定の業種がすべてブラックバイトであると言いたいわけではない。だが、問題を引き起こしがちな業界には、アルバイトに依存する職場構造があることも確かである。

すでに言及したアンケート調査結果に見られるように、学生アルバイトが主要に従事している産業は外食、小売り、教育業界であり、とりわけブラックバイトに関連した労働相談が多い業態は、居酒屋、コンビニ、個別指導塾だ。これに加え、ファミリーレストランやスーパー、アパレル小売店などからの労働相談も目立つ。

一見してわかる通り、これらの業種はすべて第三次産業の商業・サービス業である。商業・サービス業においては、以前から非正規雇用が大量に用いられてきた。同業種の非正規雇用率の推移を見ると、製造業を大きく上回っている。九〇年代以降、日本の雇用構造における第三次産業の比率は急速に高まっており、その担い手として学生や主婦が注目されてきた。

労働の単純化・定式化・マニュアル化

では、その第三次産業の労働の特徴とは何か。それは、「単純化・定式化・マニュアル化」である。たとえば、コンビニチェーン店では、オーナーはわずか数カ月から半年間の研修で店舗の運営を行うことになる。言い換えれば、それだけの期間で基本的な業務に習熟することができるということだ。

販売する商品はすべて本部が開発し、価格も決定されている。季節ごとの特別の商品やキャンペーンも本部が企画する。商品の流通ルートも本部が全国を掌握している。店長は独自のルートで商品を集める必要はないし、確実に商品が店舗に並ぶように手腕を発揮する必要もない。ただ、コンピューターに発注する商品、個数、日付などを入力すればよいだけだ。発注は前に見た事例のように、「必ずやらなければならない」という負担はあるものの、業務そのものは学生にもできる。

私が複数のオーナー店長にヒアリングを行った中では、こうした店舗運営の業務でもっとも工夫を要するのは、「その日の条件にあった発注」だとのことだった。これは、お弁当やおにぎりなど、保存のきかない商品に対するもので、その日の天気や曜日を考慮し、近隣で催される行事などもチェックして「経験にしたがって行う」という。もちろん、毎日の生物《なまもの》の管理だから、一日たりとも気が抜けない。この業務をオーナーが独りで担っている場合には(コンビニは家族営業が推奨されているので、夫婦で分担することも多い)、毎日必ず出勤しなければならない。とはいえこれさえも、オーナーに必須の「高度な労働」とは言い難い。実際に、勤続の長い「主婦パート」に一部任されている事例も確認できた。おそらく、店長の最大の職務は自らの労働ではなく、アルバイトを充当し、辞めないように管理することだろう。

外食チェーン店も同様だ。メニューもキャンペーンも本部が企画しており、店舗ではそれらをマニュアル通りに提供することが求められる。調理の仕方もマニュアル化され、材料の調達も本部の流通システムによって管理される。もし、彼らが「独自の味付けを工夫して、他の店舗よりも売り上げを伸ばそう」などと画策しようものなら、どのような意図であれ、懲戒の対象になるだろう。本部も利用客も、各店舗に独自の工夫を求めているのではない。いつものチェーン店のブランドの、いつもの味とサービスを求めているのである。

これらに対し、従来の小売業や飲食店の多数を占めた個人経営はまったく事情が異なっている。店主は陳列する商品や提供するメニューを考え、工夫し、その手配の方法を工面し、メニューそのものの開発も行う。どの時期にどんなキャンペーンを打つのか、あるいはどのような客層に根を張るように営業するのか、これらはひとえに店主の創意工夫にかかっていたし、その手腕によって盛衰が規定されていたのである。このような営業形態においては、アルバイトで雇われる学生は、必然的に限定的な仕事の補助しかできない。

以上のように、今日のチェーン店の労働は単純化・画一化・マニュアル化されている。そこでは工夫の余地は乏しく、オーナーや正社員の店長であっても、短期間で習熟し、予定された通りに日々業務を遂行することが求められる。

それゆえに、オーナーも社員も、アルバイトさえも限りなく「等しく」労働の中核を担うことができる。チェーン店では、マニュアル化された単純な業務に従事する労働力の充当が、経営戦力そのものなのである。大それた工夫がなくとも、熟年の経験がなくとも、きちんとマニュアルさえこなしてくれれば、チェーン店の経営戦略は成功する。

学生アルバイトは今や、この業務を遂行する「基幹的労働」を担っているということができる。

製造業との比較

こうした事情は製造業と比較することで、より明瞭になる。製造業では全面的に非正規雇用労働化を進めることが、困難だった。まず、現代の製造工場では、技術的に複雑かつ高度な加工機械を用いている。複雑な機械はちょっとした誤作動などで停止してしまうこともしばしばであり、こうした異変に対応できる教育を受けた技術員が必要になる。作業の安全を確保するための要員や社員教育も欠かせない。

また、製造業には肉体的な「きつさ」もある。身体的なきつさのためにどうしても離職率が高くなる。それなのに、製造ラインは一続きで、わずかな欠員が出るだけでも操業に支障をきたしかねない。こうした事情を克服し、確実に生産を維持するには、やはり大多数の正社員が職場を占めていなければならなかった。正社員は長い作業経験から、一部の作業だけではなく多くの作業に対応することができる。欠員が出た作業を、場合によっては地域さえ越えて、フレキシブルに補充する。

さらに、製造業には「スピード」も求められる。厳しい作業速度についていくだけではなく、職場の円滑なコミュニケーションで効率を実現すること、経験で不良品を見抜き減らすこと、作業工程の不効率を見直して改善を図ること……。短期の非正規雇用労働に全面的に依存してしまっては、工場の作業効率を維持することは難しい。

単純に考えて、二〇世紀に生まれた自動車や機械産業は、鉄から鉄を切り出して寸分もたがわぬような高度な完成品を、とてつもないスピードで量産する。このような作業をこなす労働者の大半が、「誰でもよい」はずがない。経験や教育の浅い社員ばかりにしてしまえば、効率や品質を落とす上、事故の多発に直結してしまう。実際に、一部の単純工程は別にして、日本の製造業は、大多数の労働者を非正規雇用中心に置き換えることはできなかったのだ。

とはいえ、もちろん、製造業でも非正規雇用を増やしている。二〇〇八年のリーマンショック時には派遣・請負労働者たちが一斉に解雇される「派遣村」の事件も引き起こした。それは、製造装置の自動化やＭＥ（マイクロ・エレクトロニクス）化が進められてきたことに加え、複雑な仕事と単純な仕事に労働を分離してきたからだ。たとえば、機械にトラブルが起こった場合には、非正規雇用はいっさいの対処を禁じられる。彼らはただただ待機し、正社員が問題を解決することを待つ。多くの社員が問題に対処することで高い品質を誇ってきた日本の製造業は、この三〇年ほどで、「正規」の役割と「非正規の役割」への分割が進んできた。ただ、それでもなお、製造業はサービス業に比べて非正規雇用の比率が低いし、技術や経験を蓄積した正社員の重要性もなくなってはいない。非正規雇用の数は増大しているが、彼らの業務における「周辺的な位置」は変化していない。製造業における非正規雇用労働化は、技術と品質によって制約されているのだ。

「業態の変化」とサービス業の「質の確保」

製造業以上に進められてきた商業・サービス業の単純化・画一化・マニュアル化は、学生アルバイトの基幹化を進めてきたのだが、近年の業態の変化は、これをより加速させてきた。コンビニの店舗数はこの二〇年で二倍近くに増加しているが、その過程では二四時間営業の店舗が拡大する傾向も同時に見られた。このため、急激な勢いで「深夜労働力」の担い手として学生が必要とされるようになった。

また、学生の深夜勤務を増加させている要因に、二〇〇〇年の規制緩和により、大規模小売店の夜間営業が解禁されたことも見逃すことができない。二三、二四時まで営業するスーパーはこの一〇年で激増した。大手スーパーでも、二四時間営業のところがある。ドラッグストアやディスカウントショップでさえ、二四時過ぎまでの営業は珍しくはない。

開店時間が長ければ、それだけカバーしなければならない営業時間が増えることになり、その負担は、「主婦」よりも「フリーター」、「フリーター」よりも「学生」へと加算されていく。「すき家」が社会問題となったように、二四時間営業を学生一人に任せる「ワンオペ」は、深夜営業の過大な負担の象徴であり、労働力を充当できない店舗は、店舗そのものが閉鎖に追い込まれる事態となった。二四時間や深夜営業の業態は、アルバイトの「基幹化」の意味をいっそう強めていったのだ。

さらに、アルバイトの労働に「質」を求める要因が彼らの基幹化をおしすすめる。それは、これらの業界が「対人サービス」の要素を含んでいるという、もう一つの事情である。

個別指導塾では、学生アルバイトの創意工夫や膨大な準備の負担が、生徒への指導の質を担保していた。個別指導塾の労働は、基本的に「問題を配って解かせる」ものであり、従来の塾講師よりは単純化されている。しかし業務内容そのものは単純な対人サービスであるために、学生アルバイトへの量的な依存が従来より増している。その一方で、試験対策の工夫や、生徒個々の生活状況への対応まで求められるなど、この「対人サービス」に求められるクオリティーは上昇しているのである。ただ、これも学生の創意工夫や感情のコントロールで充当できる「質」であることがポイントだ。負荷は増大するが、長期的な訓練を必要としたり、資格制度で待遇が保障されるようなものではない。だから負荷が増す一方で、待遇には結びつきにくいのだ。

コンビニなどの商業も、「接客」という対人サービスの要素を含んでいる。この場面では、「笑顔」や「愛想」「身のこなし」など、客に与える印象は少なからず店の営業力に関係してくる。学生アルバイトは、これらの「質」の担い手でもある。

このように、近年の商業・サービス業では、業務が単純化されたことで、学生アルバイトへの依存が増してきた側面と、業務の「質」を求めて学生への依存を深めてきた側面が同時にある。そして、この「量」の要求と「質」の要求は、両者とも「ブラックバイト」を引き起こす要因となっているのだ。

フランチャイズ経営や「独立採算制」による利益の圧迫

一方で、多店舗展開の商業・サービス業においては、フランチャイズ企業が多数を占めている。フランチャイズを運営するオーナーや、複数店舗を経営するフランチャイズ企業は、本部

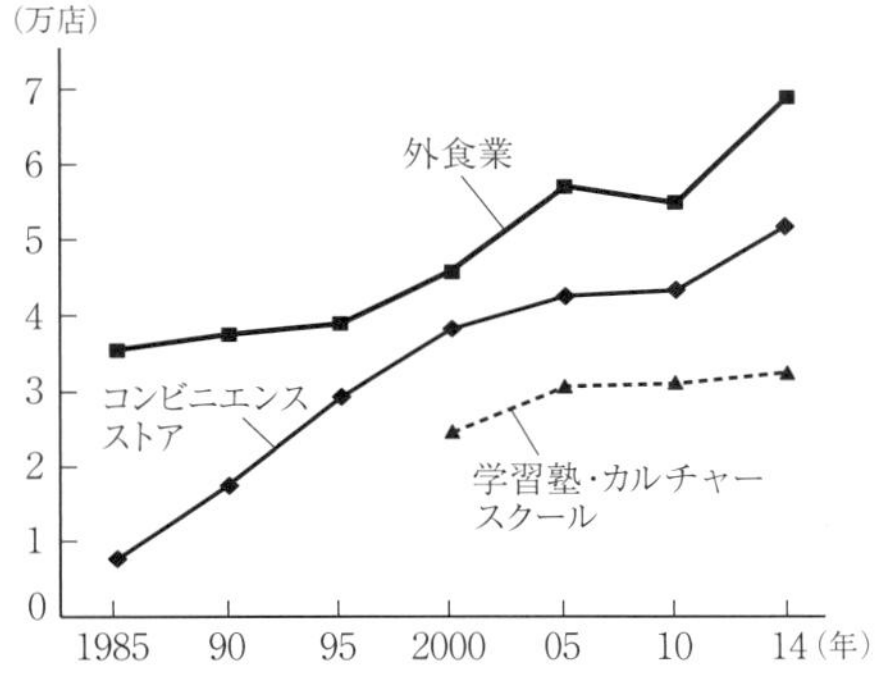

図１　フランチャイズの店舗数
出典：「フランチャイズチェーン統計調査」(一般社団法人日本フランチャイズ協会)

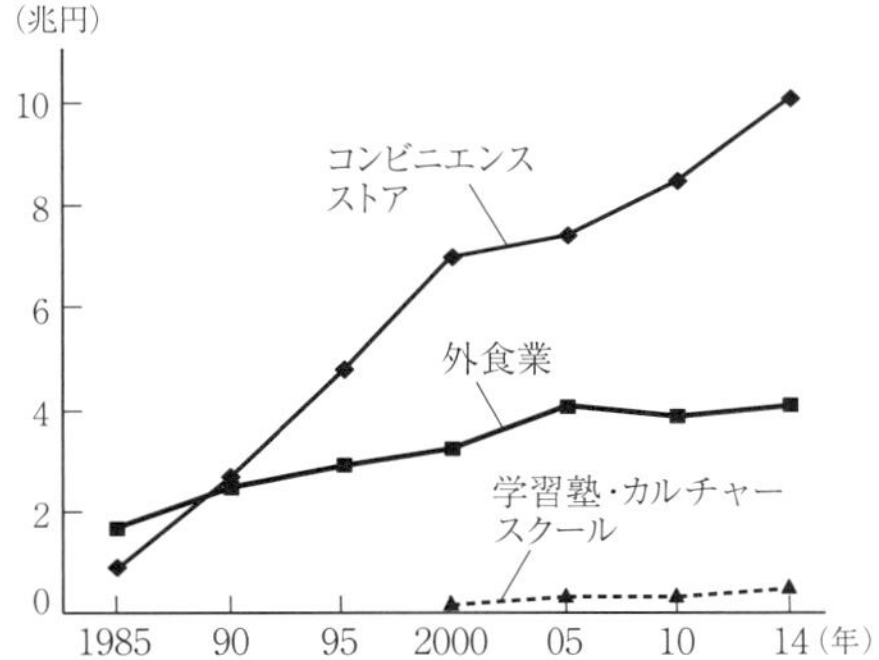

図２　フランチャイズの売上高
出典：図１に同じ

（フランチャイジー）との間で契約を結び、「ファミリーマート」や「牛角」といったブランドを展開する。その契約には店舗が契約者の持ち物権か否かなどにより、いくつかの種類があるが、総じて本部からの締め付けが厳しいことが知られている。

コンビニでは、本部から大量の弁当、おにぎりなどの購入を求められる。常に多様な商品が店頭に並んでいることが、コンビニチェーンの「ブランド」を維持するために欠かせないという理由からだ。だが、大量に仕入れた商品が売れ残った場合には、店舗の負担になる。しかも、販売する商品の価格は決められており、店長は自主的な価格設定をすることができない（売り切るための「値引き販売」ができない）。本部としては、大量に仕入れさせることで十分にもうけを増やすことができる一方で、その廃棄のコストはフランチャイズのオーナーによる負担となる。さらに、あるチェーン店のオーナー契約では、ロイヤリティ料として、粗利の六割を本部が得ることになっているという。

また、二四時間営業の業態を店長が独自に変更することもできない。これも「ブランド」に関わるからである。

販売戦略が本部に有利に展開されるうえ、利益の多くをロイヤリティ料として引かれてしまう。そのうえ、本部との契約で経費の「人件費比率」が明記されていたり、指導基準が作成されている場合もある。つまり、経費に占める「人件費」(アルバイトや社員の賃金)の割合が一定を超える場合には、指導を受けるというのだ。これらの「ブランド」や人件費比率を守ることができないオーナーは、契約を更新時に打ち切られてしまう場合もある(つまり、廃業させられてしまうため、本部に逆らうことができない)。

本部からの利益の圧迫が、違法な低賃金やノルマ、賠償金を学生に強いる行動へ、オーナーたちを駆り立てている可能性は十分あるだろう。

また、フランチャイズ方式を採らない本部の直営店舗であっても「独立採算性」が採用されることで、フランチャイズ経営と類似の効果を発揮している。たとえば、あるアパレル小売り大手は、店舗ごとに予算を割り当て、その範囲内に人件費も含めている。店長には人件費を分配する権限はあるが、その総額を決定することはできない。人員が足りない場合には自らのサービス残業で充当するか、それでも間に合わない場合には、身銭でアルバイト代を支払うか、アルバイトにサービス残業を強いるほかにない。

フランチャイズにせよ、独立採算制にせよ、小売業、飲食業など小規模店舗のチェーン店では今日一般化的な管理体制となっている。

居酒屋

これらを踏まえ、それぞれの業態に独自の特徴も紹介しておこう。

まず、アンケート調査でもっともトラブルが多かった居酒屋は、典型的な深夜営業の業態である。また、多店舗経営のフランチャイズ企業が業界を席巻している。アンケート調査結果からは、地方の大学生が就労し、深夜勤務で生活を乱していることが示唆されていた。親元から離れた学生は収入を多く得なければならないために、深夜割増残業代が加算される夜間勤務を選択する傾向があるものと考えられる。また、親の目が届かないことから、夜間業務にのめりこみ、昼夜を逆転するなど、生活破綻に陥りやすい。このような地方出身の学生が深夜勤務に吸引され、日本の居酒屋チェーン店は成り立っているのである。

また、居酒屋チェーン店に特有の職場環境として、常にフル稼働で運営され、人間関係や職場の一体性が強く求められる傾向を指摘できる。接客作業につくと休みなく客の注文を受ける。あるいはキッチンの担当であれば、さまざまなドリンクのつくり方を見よう見まねで覚えながら、大量の注文に無我夢中で対応し続ける。客の注文を間違えたり、調理の作業が遅ければ、即、客からのクレームに直結する。この緊張感の中で、全員の作業が調和するように張り詰めて業務に臨まなければならない。

作業が遅い者、手際の悪い者は、全体に直接迷惑をかける。だから、接客から料理の提供まで、職場が「チーム」としてまとまり、しかも、その過程では感情的なやり取りも大きくなるのだ。その一方で、すでに述べた独立採算性やフランチャイズの業態によって人件費は圧迫され、常に人員不足の状態に陥りがちだ。

そのためもあって、「チーム」としてまとまり、店長や先輩アルバイトは、厳しく学生に接することが多い。これが、怒鳴られた、殴られた、包丁を突き付けられた、といった被害が発生しやすい素地になっている。

コンビニ

コンビニでのアルバイトへの過剰な要求は、「業務の多数化」によって引き起こされている。コンビニでは、公共料金の支払いや、宅配便の管理など、多種多様な業務が次々に導入されている。ただし、種類が多いにもかかわらず、それぞれの業務を覚えることはそれほど難しくはないため、学生アルバイトたちもその多くをこなしている。

勤続が長くなるにつれて、「できる業務」が増えていくことで、経営者には「使い勝手のよい労働者」になっていく。まじめで、多くの業務を学んだ学生ほど、深夜の時間に「一人での営業」を求められていくことになる。あるいは、なんらかの事情でシフトに空きが出た場合にも、「いろいろな作業ができる学生」はいつも「急な呼び出し」の対象になる。これが、少数のアルバイトに負担が集中しやすい構図を生み出している。

また、フランチャイズや独立採算制の下で、各店舗に過剰な負担がいきわたり、それが末端の学生にまで及ぶ。あるチェーン店の本部では、おでんの販売などのノルマをアルバイト指導の「マニュアル」として作成し、各店舗に配布していた。本部は組織立って、「学生管理」を研究しており、ノルマ販売を受け入れさせることをも戦略化しているのだ(左頁の資料参照)。この資料の前ページには、「ギフト獲得数=売上UP!!」「ローリスク・ハイリターンの商材!」の見出しが躍り、ギフト商品が高い利益を生むことを強調している。また、資料の後ページでは、具体的に「クリスマスケーキ」「お歳暮」「おせち」「夏のうなぎ」「お中元」などが列挙され、それぞれの商材の地区平均売上高、トップ店舗、ワースト店舗の金額が列挙され、その「差」があたかも損失であるかのように例示されている。

そして、次のように指摘する。「上記表で確認していただいたらお分かりのように予約商品は年間に○○円稼ぐ大きな商材です……また、他の商材と違いクリスマスケーキの取組は学生～主婦まで、従業員さんの年齢の幅なく取組める商材でもあり、この取組を通して学生従業員

従業員の戦力化

こうした予約活動において従業員さんの協力をもらえるかどうかで数値は変わってくる。
その為には、
従業員さんの意識付けと、アプローチについての具体的指導が必要。

お客さんへのアプローチ

従業員の人間関係を聞きながら、
何処にチャンスがあるのか。どのようにお勧めするのか。ｱﾄﾞﾊﾞｲｽを行うことが必要。

個人毎に環境は違うが、一緒になって考えていくことにより、全員参加ができれば、体制強化に繋がっていく。

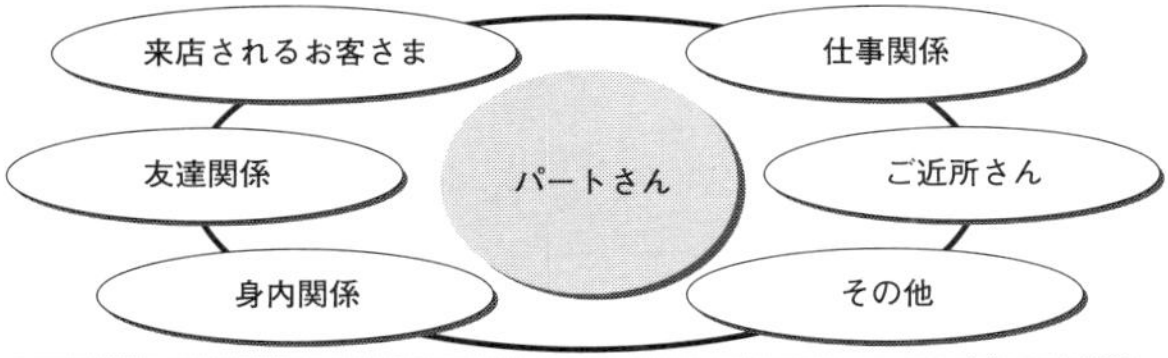

身内関係が基礎票となるが、他の場面にもチャンスは多く存在している。
お店での常連さんや顔見知りへの声かけ、商圏へのクローバーも効果がある。
前職からの大口注文や、サークル活動を通しての注文のｹｰｽなどがある。

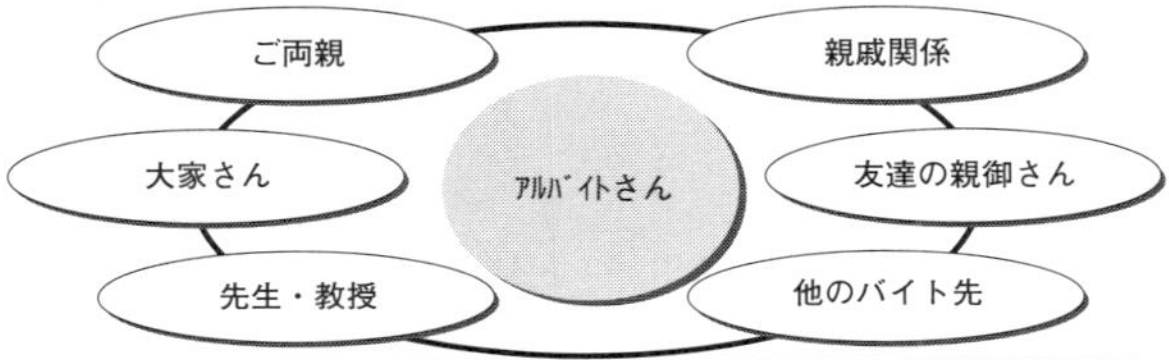

パートさんに比べ難しく思えるが、一人２件平均で販売できれば、20人で40件となる。
アプローチ先は、生活環境を聞きながら一緒に考えていく中で見つけだす。
パートさん以上に関与していく必要がある。

の戦力化の切口にすることもできます」(傍点引用者)。

このような指導を受けたオーナーたちは、全員でないにせよ、安易に学生アルバイトに対するノルマ強制に走ることだろう。こうした商業戦略の「戦力」として過剰な期待を受けているために、学生たちは「クリスマスや正月が憂鬱」と嘆いているのだ。

本部の「学生頼み」の事例はそれだけではない。最近では他のチェーン店との競争に打ち勝つために、アルバイトのサービスの質を高めることが強調されている。これを象徴する事例を一つ挙げよう。大手コンビニチェーン店、ローソンの事業戦略である。以下は、二〇一四年テレビ東京の「日経スペシャル・ガイアの夜明け」で放映された内容だ。

> 「いつも通り、シロップ二個でよろしいですか?」常連客に気さくに声をかけながら、コーヒーを手渡し。セルフサービスが基本の他のコンビニと差別化を図り、コーヒーを通じて〝接客〟していこうというローソンの戦略だ……背景には将来的な危機感だ。これまでコンビニは、便利な場所にさえあれば、自然と客が買い物に来てくれた。ところが、最近はコンビニの数が激増し、競争が激しい。「客に選んでもらうためには、今後〝接客〟が重要になる」……店舗全体で〝接客〟を心がけようと動き出した。

これまでは、商品の魅力や価格に直結する、商品力の向上や流通のコストカットなどがコンビニチェーンの戦略の中心であった。「接客」を事業戦略の「中心」に明確に位置づけるというのは、彼らにとっても新しい戦略であり、他のチェーンでも急速に進められている。だが、こうした経営戦略の担い手の大半はアルバイトなのである。経営戦略の中で、アルバイトのサービスに過剰な期待をかけるとすれば、意図的ではないにせよ、ブラックバイトに結びついてしまう危険性は否定できないだろう。

コンビニは私たちの生活に欠かせないものになり、サービスの多数化はますます利便性を高めている。これまで以上にサービスの「質」も高まるなら、さらに魅力的になる。だが、その「担い手」が低賃金の学生であることも、事実なのである。

塾業界

個別指導塾においては、商品や流通がブランド価値の基本を生む商業（小売り、外食）とは異なり、「対人サービスの質」そのものが競争力の源泉となる。したがって、小売りや飲食業以上に、経営の成果は学生の努力に負うところが大きい。生徒が授業を入れたいといえば、それを実現するのはアルバイトであり、親が授業の質を高めてほしいといえば、それを実現するのも学生アルバイトである。講師が大学生である以上、そのサービスの質や量を拡大しようとすれば、おのずと学生の負担が増していく。甚しく労働集約型の職場であるといえよう。

個別指導塾はこの一五年間に急激な勢いで増加した。従来の「塾」といえば教室で集団で教えるものが基本だったのに対し、現在ではそれを上回るほど、個別指導の業態は普及している。その背後には、共働きやシングルの親世帯が増加したことが指摘されている。彼らにとって、夜まで子どもを預かってくれる「場所」が貴重になっているのだ。

女性の社会進出やシングル世帯の増加によって、かつて「主婦」が教えていた家庭学習の市場化へのニーズが高まっており、それに応えているのが個別指導塾だという側面があるのだ。そこには、勉強や学力だけではない、「親としての業務」の部分的な肩代わりの要素も含まれている。第1章で見たCさんの事例のように、進路指導や生活指導の要素まで、個別指導塾には持ち込まれているのだ。「子育ての市場化」の実質的な担い手を、低賃金の学生たちが支えているというわけだ。

彼らの労働の特質は、従来の教室での講師とは異なり、問題を配付して解かせ、その解答について個別に指導するというものである。この方式では、以前よりも必要とされる技量は低い。

ある学生アルバイトは、自分の仕事内容を「子どもに勉強させる時間を作ること」だと表現していた。そうした事情もあってか、個別指導塾の講師の賃金水準はかつての塾講師のものよりも低く設定されている。

ただ、そうした子どもとのコミュニケーションでの成果（家でも勉強させる習慣をつけるといった）や、試験対策に結果を求めようとすれば、やはり「質」が問われる。たくさんの時間生徒に接することで、「勉強をさせる」という量の負担が基本にありながら、同時に「質」を追求させられる。その負担もすべて学生アルバイト本人に負荷される構図にあるのだ。

一方で、個別指導塾の業態には「教育らしからぬ」要素が見える。従来の学習塾がそれなりに教育に関心を持つ層によって担われていたのに対し、個別指導塾は特別な教科の指導力を要求されるものではないためか、小売りや飲食業のフランチャイズ店舗を開業するように、もっぱら「利益」を目当てに開業するオーナーが多いというのだ。

不動産業が本業で、その副業として個別指導塾を経営しているオーナーなども珍しくない。彼らは個別指導塾の実務についてほとんど理解しないまま起業し、教育現場をまったく知らず、正社員の教室長に塾の業務を丸投げして、売り上げだけを彼らに要求していく。

社員も同様だ。ある大手個別指導塾の元社員は、同僚の教室長が元家電量販店の営業マンであることを誇示していたと話している。彼らの売りは、「営業力」である。地域の親世帯に売り込みをかけ、顧客を獲得することで必ず事業を成功させる。また、実働要員である学生アルバイトたちをうまく駆り立て、利益に結びつける。「教育理念」とはまったく無縁の、ビジネスとしてのフランチャイズ契約を、立身独立のために選択する。すべてではないにせよ、そんな「教室長像」が業界にあると関係者は言うのである(余談だが、同様の傾向は保育所や介護施設にも見られる。民間への事業開放の中で、「ビジネスチャンス」とだけとらえて、素人の経営者が福祉や教育の事業に乗り出すことが増えているのだ)。

それにもかかわらず、学生の側は教育学部系の者も多く、実際に仕事相手となるのは子どもたちである。子どもへの責任を果たそうとする学生が、「営業力」を売りにした教室長に束ねられるという構図は、矛盾と負担が学生に転移しやすい環境を生み出すだろう。

2　ブラック企業とブラックバイト

ブラック企業の社員とブラックバイトの競合関係

商業・サービス業の業態に加え、「職場の労働編成」も学生をブラックバイトに駆り立てている。店舗で直接に学生を管理するのは店長、教室長といった「正社員」たちだ。この正社員たちも、実はきわめて過酷な長時間・深夜労働を強いられており、彼らは学生アルバイトに自分自身の仕事を代替してもらうことなしに、休息をとることができない。

いわばブラックバイトと「ブラック企業の正社員」は競合し合う関係にあり、どちらかが会社の業務を充当しなければならない。こうした構図の成立した背景には、すでに述べてきた業務内容の単純化・定型化・マニュアル化がある。その下では、正社員であれ、アルバイトであれ、限りなく「同等」の労働力として編成されるからだ。

商業・サービス業においては、研究開発や難しい技術、マネジメント能力を持つ労働者ははじめから少数でいい。少数の彼らには、長期的な雇用による能力向上が、会社全体の利益に結びつくことが期待されている。繰り返しになるが、エリアマネージャーや、商品開発、経営戦略に関わる人員は全体の中でごくごく僅かなのである。一方、圧倒的に多数を占める店舗の店長・店員は、ある程度まで仕事を覚えると、独自の経験や専門知識で会社に貢献することはできなくなる。したがって、あとはブラックバイトと同じように、ひたすら安く、長く働かせることで企業は彼らから利益を得ようとする。

彼ら正社員も、替えが利く、もっぱら量的な負担を求められる存在なのだ。だから、多くの飲食店や小売店では、新卒正社員を入社数カ月から半年で店長、副店長などに据《す》え、「管理監督者」や「裁量労働」の扱いにする。こうすることで、「管理職なのだからいくら働いても残業代は発生しない」と主張する。

私が拙著『ブラック企業』(文春新書)で問題提起し、社会現象化した「ブラック企業」とは、そのような単純労働・マニュアル労働で若年正社員をひたすら働かせ、次々に過労死・過労鬱を引き起こすような企業であった。

コンビニの正社員の実像

実際に、「ブラックバイト」を管理させられていた正社員側の労働相談事例を見ていこう。

大学卒業がリーマンショックと重なり、在学中には正社員の仕事を見つけることができなかったというGさん。大学卒業後に、都内で大手コンビニのフランチャイズ店舗を一三店舗ほど運営する会社に職を得た。しかし、その労働環境は劣悪だった。

まず、求人では各種社会保険への加入はもちろんのこと、自動車免許をとる際の補助など福利厚生も充実していると書かれていたが、実際には社会保険は加入させてもらえず、各種補助も存在しなかった。週一日あると言われていた休日も、「店長会議」が月二回その休みの日に入れられるため、休みは二週に一日だった。

一日あたりの労働時間も非常に長く、毎日七時から二二時頃まで働かされた。アルバイトが急に休んだり、辞めてしまったときに生じるシフトの穴はすべて正社員であるGさんが埋めることになっていたためである。しかも、その一五時間の中で休憩はほとんどなかった。加えて、昼以外の比較的空いている時間帯は「人員削減」がなされるため、休憩をとることができなかった。ピーク以外の時間帯は、その時間帯の「最低限度」の人数で回すことが求められていたのだ。

過酷な労働にもかかわらず、Gさんには月に二一万円の給与が支払われるだけで、残業代がいっさい支払われなかった。そのうえ、売上ノルマを達成するために、いわゆる「自爆営業」も行われていた。たとえば、季節ごとにある「おでんセール」の目標を達成できなかったことを理由に、自腹で五〇～一〇〇個のおでんを買わされていた。一人では食べきれないため、自宅に持ち帰り廃棄したという。

Gさんは四年間耐え続けたが、「うつ病で一カ月の療養を要する」との診断書がでた。それでもアルバイトの負担を考えると辞められなかったという。この店舗にはほぼフルタイムで働いていて、納品や会計、陳列など店長と変わらない業務量を任されているアルバイトが勤務していたのだ。その人の気弱な性格に会社がつけ込んで業務量が増し、無給で働かされる時間も増えていた。結局Gさんはアルバイトの負担を増やさないために病気のまま働き続け、倒れて病院に運ばれるに至ったのだ。

外食チェーン店の正社員

外食チェーン店でも同様の事例は枚挙にいとまがない。

Hさんは「月給二六万円」「実働八時間」の好条件に惹《ひ》かれ、大手外食チェーン店に転職した。だが、その求人情報は完全な虚偽だった。働き始めるとすぐに、午前一一時頃に出勤し、深夜一時過ぎまで働くという、「過労死レベルの長時間労働」が待っていた。開店前に出勤し、その日の料理の仕込みや運ばれてくる食品の納品作業をはじめ、開店後は調理・提供や売上管理等の作業に忙殺された。休憩も、忙しいときはまったくとれないという日もあった。残業代もいっさい支払われなかった。それでも、小さい子どもを持つHさんは、家族のために辞められなかったという(なお、こうした偽装求人問題とその対処法については、拙著『求人詐欺』に詳しい)。

Hさんが長時間労働に陥った背景には、「慢性的な人手不足」があった。Hさんの店舗では、一〇名ほどのアルバイトが働いていたが、人の出入りが激しく、常に綱渡りのような店舗運営が続いていた。たとえば、平日のピークは夜一九時頃からになるが、その時間までは、店舗全体でたった二名しか従業員がいない状態だった。もっとも辛いのは、ピークと想定する一九時の前に団体客などが来店したときだ。常に走り回って顧客対応しないと追いつかないような「戦場」と化し、「死にそうだった」という。

また、一九時以降のピーク時にも、足される人員はホール、キッチンのそれぞれに一、二名程度で、とても十分な人数ではなかった。人手不足の中、料理の提供の遅れなどによるクレームも発生してしまい、その責任もHさんに押し付けられる。

Hさんも最終的に精神疾患にかかり、働けなくなってしまった。だが、会社は病気になっても出勤を執拗《しつよう》に命じ、辞めることを申し出てからは、最終月の賃金の支払いを拒否したのである。

アルバイトと正社員はどちらも「使い捨て」

この両方の事例は、アルバイトを「ブラックバイト」にするのではなく店長自身が過重労働を引き受けた結果、病気になってしまっている。正社員にせよ、アルバイトにせよ、企業からすればどちらかがマニュアル労働を充当してくれればよい。アルバイトを「ブラックバイト」

に駆り立てることができる正社員は、自分の負担を減らすことができるだけでなく、「マネジメント能力の高い社員」として、重宝されることだろう。ブラック企業の経営手法は、単純労働を最大限安いコスト(人件費)で充当することで、利益を最大化させるというところにあるのだ。

実際に、先ほどのHさんの勤務していた店舗は、限界を超えた人員削減が行われていながら、フランチャイジー企業の全国売上ランキングで上位一桁にランクインしていた。人員不足の中、Hさんとアルバイトスタッフが凄まじい労働をしない限りこの結果は出るはずもない。どれだけ売上高を上げようとも、人件費を限界以上に削るという至上命題は、揺らぐことがないのである。この構図の中では、正社員であろうと、アルバイトであろうと、同じように搾取の対象でしかない。

以上のように、深夜営業という業態への変化と「対人サービス業」における新たな負荷、そしてフランチャイズ化による利益の圧迫と、社員自身がアルバイトを駆り立てざるを得ない職場の労働編成、それらの要因は絡み合いながら、「ブラックバイト」を生み出し続けている。

3　利用される「責任感」と「やりがい」

ここまで見てきたのは、職場の側の論理である。では、受け手の側の学生は、なぜそれを受容するのか。その要因は大きく分けて四つである。

第一に、すでに紹介した「責任感」だ。「責任感」は学生の内面から自発的にわき上がってくるものであると同時に、これが巧みに管理者によって活用されている。ただし、そうした「責任感」は「生活」に本来制約されているのであり、必然的に作動するものではない。その背後にあるのは、第二以下の要因だ。

第二に、企業の高度に発達した生産システム（流通・サービスの提供過程）が、学生の意識をからめとっている。その中で、彼らは「歯車」のように職場に順応する。

第三に、すでにみたフランチャイズ形式の職場システムや、学生自身に「達成感」を与える労務管理が、彼らが「歯車」になることを円滑に誘導する。私はこれを「想像の職場共同体」と名付けている。

そして第四に、日本社会のマクロな権力構造がブラックバイトを苛烈にさせる土壌となっている。それは、「人的資本万能主義」ともいうべき社会規範である。

さらに第五に、もっとも深刻な要因は、学生の「貧困化」である。学費の高騰《こうとう》と親世帯の収入の減少が、学生に長時間就労せざるをない状況をつくり出している。

仕事への責任感

学生は第一に、具体的な職場の「責任感」から辞めることができない。その責任感は、すでにみた職場側の事情にそのまま対応している。

そもそも彼らが適切に出勤しないことには、職場の仕事は回らない。だから、彼らは簡単には辞めることができない。これは単純だが、強力な原理だ。つまり、学生は、契約関係や給与などといったドライな関係とは別に、①「仕事への責任感」を抱く。もちろん、この種の「責任感」は、ブラックバイトに限らずとも、およそあらゆる職場にある。

だが、今日のブラックバイトの職場では、企業は最大限人員を削ることで利益を出そうとしている。人員がぎりぎりの職場で、いつも限界だからこそ、そして同僚や正社員がすでに苦しい状況に置かれているからこそ、この「責任感」は通常とは異なるレベルで作用する。「その学生」が働かなければ実際の業務遂行が不可能だという状況で、「急な呼び出し」や「シフトの強制」が行われれば、学生もその必要性に応えようと必死に順応するのである。

また、仕事への責任感は、その「質」をも問われることによって、より強度を増す。販売や飲食業での接客対応や、個別指導塾で子どもの進路指導に責任を負うことは、彼らにさらなる責任感を発揮させるだろう。これは、②「仕事の「質」への責任感」である。これについても、今日のサービスの質がアルバイト依存であるために、学生はより強く、自分の仕事に自負を持つことになるのだ。

さらに、学生の仕事への責任感は、個人としての責任の範疇を越える。彼らの責任は、ある種の③「管理責任」にも及ぶ。「バイトリーダー」は学生アルバイト全体が、常に職場に充当されるように調整する責任を負う。この場合、自分自身がシフトに入るだけではなく、他の学生が確実にシフトに入れるように、勤務時間外も連絡業務に追われる。同時に、先輩のアルバイトは、他の学生に仕事を教える責任をも負う。このような管理責任を負うことで、より職場全体、仕事全体への責任感は増していく。この場合にも、職場の運営に実際に必要であるために「自分がやらなければならない」という感情がうちからわき上がることは、想像に難くない。

そして、アルバイトの責任は④「結果責任」の次元にまで達する。売り上げの責任を果たすことができなければ、衆目の前で叱責される場合もあれば、罰金などのペナルティが科されることもある。企業の業績の責任を、学生アルバイトが、そのまま受け止めなければならない。学生は、ある種の「経営への参加者」としての意識を持たされていることになる。ただ、この次元の責任感は、それまでの「仕事への責任感」とは明らかに異質な内容である。仕事を適切に遂行したとしても、必ずしも「企業の業績」を担保できるのかは、わからないからだ。もし「企業の業績」が達成困難な水準に設定されれば、アルバイトでありながら、彼らの「責任」は青天井になってしまうだろう。

「仕事への責任感」、その延長線上で発生する仕事の質への責任や管理責任に対し、結果への責任感は、「仕事」ではなく「企業」に対する責任感なのである。

ベルトコンベアーのような労働

労働者の責任感は「仕事」に対しては直接的に発せられるものだろうが、それには限度がある。従来であれば、「質」への責任や管理責任を学生が自らの学生生活を犠牲にしても背負ったとは思われない。今日のブラックバイトでは、学生生活が成り立たなくなってもなお、学生はアルバイト先の都合に従っている。「具体的に自分がやらなければならない仕事がある」としても、それはあくまでもアルバイト先の都合であって、「アルバイト」としての労働契約を結んだにすぎない学生にとっては、過剰な要求のはずなのだ。また、「企業の業績」に責任感を負うことには、さらに無理がある。

自分の学生としての立場（アルバイト契約の当事者として、限定された責任しか負わない労働者としての立場）を忘却させ、さらには「経営責任」にまで学生が自ら「責任感」を感じるようになるには、高度にシステム化された業務システムと結びついた、経営側の管理戦略が不可欠である。

第一の管理戦略は、コンビニや飲食店の本部が作り出している、系統的な商品の開発・流通・販売のシステムである。これは、一見すると労務管理とは無関係に思われるかもしれないが、「責任感」を引き出す重要な要素になっている。ここでも製造業と比較するとわかりやすい。

製造業のベルトコンベアーシステムを想像してほしい。製造工程が「科学的」に設計され、膨大な工程に分割され、配置される。現場の労働者はその一つに割り当てられて、定められたマニュアル労働に従うことが求められる。労働者はあらかじめ決まった仕事をこなさなければならない一方で、経営者は生産効率を求めて、ベルトコンベアーのスピードをどんどん速くする。誰か一人でもそのスピードについてこられないと、全体の生産がストップしてしまう。不良品がコンベアーに流れてしまい、すべての生産活動が水の泡になってしまうこともある。このシステムに「歯車」として組み込まれた労働者は、もはや自分の意思とは関わりなく、とにかくベルトコンベアーのスピードに順応するしかない。そこには、生産ラインを止めてはならない、という自明の「責任感」がある。同時に労働者たちは、「おれはスピードに対応できる」「あいつは遅いから、まだ半人前だ」「あいつがラインを止めた」とお互いに張り合い、自負を持っているのだ。

これは、今日の学生アルバイトの職場とよく似ていないだろうか？　フランチャイズの本部は、あらかじめ商品やその流通網をすべて掌握した上で、現場のオーナーにはほとんど裁量を与えず、逆に売上ノルマや人件費比率などの要求を突きつけている。アルバイトの上に立つオーナーや正社員ですら、この巨大な流通システムの中では、自律性をはぎ取られたマニュアル労働のコマにすぎない。流通のスピードを増すために深夜も営業し、毎日商品をチェックして入れ替えることを求められる。また、その「効率性」をあげるために無理な少人数で運営することを求められる。この巨大な流通システムの「一コマ」をとてつもないスピードで維持するために、人間の側が、無理矢理生活を犠牲にして対応している。

学生の過剰な「責任感」を生み出す重大な要因は、学生でありながら、ベルトコンベアーシステムのような、巨大な流通システムの「実際の一部」に組み込まれ、そしてそれが日々加速されているところにあるのだ。まさに、彼らが抜けることで、とたんにこのシステムは作動しなくなる。少人数に絞り上げ、限界を超えて加速しているからこそ、一人一人の責任は極大化しているからだ。だから、抜けたくとも抜けられない。あるいは、「抜ける」という発想以上にその「スピードを維持する」ことが当然の使命として感じられる。

飲食店でも同様だ。すき家で働いていたアルバイトの証言を挙げよう。

客に見える場所(通称「前」)での仕事は、まず、来店した客に「いらっしゃいませ」といって水を持っていく、注文を聞きながらそれを手元の機器に入力する、できた商品をお盆の上に決められた配置で並べる、お盆を客へ持っていく、レジをうつ、食事済みの盆を片付けテーブルをふく、その他時間に余裕があるときにフロアの掃除、トイレ掃除などでした。

客から見えない厨房(通称「バック」)での仕事は、注文された商品を作る、使用済み食器をためた水につける、水につけた食器を業務用の食器洗い機に入れる、それがある程度たまったら洗う(機械の「バー」を下げたら自動で洗われる)、終わったら「バー」をあげて、食器を元の場所に戻す。また時間があるときに厨房の床や排水溝の掃除、食洗機と肉鍋の掃除。そして「仕込み」という作業もありました。

相当の業務量を、高速で回転させる様子がよくわかる。この状況を、会社は次のように管理していた。

監視カメラで本部から常に見られていたり、先輩のアルバイトと一緒に仕事をしたりしていたらサボれない、仕込みや掃除を含めると仕事が常に存在する状態なので、それを探さないといけないというプレッシャーはありました。

直接監視カメラで監視している。また、「商品提供時間の記録」がそのプレッシャーを大きくしたという。

すべての注文は機械を通して厨房のモニターに表示されるのですが、注文を受けた時点でそのモニターで提供秒数のカウントが始まります。商品を作り終わった時点で、モニターにタッチしてそのカウントを止めて、実際に提供にかかった時間がいちいち記録されます。

注文から六〇秒以上経つと、モニターのその商品の部分が赤く点滅するし、マネージャーが記録された提供秒数をチェックして提供に時間がかかりすぎている場合には後からそれを指摘してくることがあります。なので、「とにかく早く作らないと」という気持ちには常になっていました。

さらに、「労時売上」(従業員一人あたりの一時間あたり売上金額)もカウントされていた。

「労時売上」の話は最初の研修でも言われましたし、特にベテランのアルバイトやマネージャーでは「労時売上」の話がよくでていました。「この前労時売上〇〇万円いったぜ〜」とか武勇伝的に話すバイトもよくいます。「労時売上」を一定の水準以上にするにはとにかくなるべく少ない人でなるべく多くの客を相手に店を回す必要があるので、特に混雑している時間帯は、いかにきびきびと動いて客を回すかが従業員の中で重要視されているように感じました。

二四時間営業の店舗でこの「回転」をひたすらアルバイトたちが監視されながら、維持し続けているのである。

「想像の職場共同体」

企業の過剰な要求を学生が受け入れ、「自らの責任」だと自覚するためには、仕掛けが必要である。ベルトコンベアー類似のシステムは、学生に責任感を持たせるのに十分な役割を果たしているが、それでも十分ではない。「企業側の過剰な要求」と「学生側の負える責任の限度」の落差を埋め、学生自身に無限の「責任感」を生じさせる第二の装置がある。それが「想像の職場共同体」である。学生たちは、あたかも職場を自らにとって重大な意味を持つ「共同体」であるかのように受け止めている。このことが極めて重要な意味を持っている。

たとえば、次のような事例がわかりやすい。前出の焼き肉屋を辞められなかった学生の証言だ。

この店ではときどきアルバイトに記名式のアンケートを書かせていた。その中には「あなたはサービス残業をする意味がわかるか」などの項目もあり、その場で「わかる」と回答するのが「常識」のようになっていて、それで余計に任された仕事を断りづらい、サービス残業をしなくてはいけない雰囲気に店舗全体がなっていた。

この会社は正社員でもないアルバイトに、サービス残業を公然と命じている。時給が出ないにもかかわらず、上下関係で働けというだけではなく、「自分で意味を考えろ」とまでいうのだ。こうした姿勢は、「終身雇用」の日本型企業の中で浸透した「疑似共同体主義」にそっくりである。会社をあたかも一つの共同体であるかのように見なし、生活の大半を犠牲にし、時には死ぬまで尽くす。彼らにとっての労働契約上の責任は、欧米のような「自分の仕事に対する責任」(職務に対する責任)にはとどまらない。その仕事の「質」を高め、必要ならどんなことも引き受けること、そして、究極的には「企業業績」にまで及ぶ。彼らがそうした世界的に見て「過剰な責任」を自ら背負ったのは、終身雇用を前提とした「疑似共同体意識」を形成していたからに他ならない。

アルバイトの職場は、小規模店舗に分割されている。この閉鎖された「小宇宙」のような職場で、実際に同僚と店長やオーナーのあいだで仕事を分担し、やり遂げなければならない。それに加え、これらの店舗は独立採算制やフランチャイズによって経営されている。それぞれの店舗は、それぞれに採算を合わせなければならず、「利害共同体」ともなる。

こうしてフランチャイズと独立採算制の仕組みは、単なる「小宇宙」のような職場に、「共同性」を埋め込む現実的な基盤となっている。居酒屋やコンビニでの運営目標の達成、個別指導塾の成果は、単に「運営を成り立たせる」という消極的な意味だけではなく、積極的な「企業価値」をも全員で実現する。こうして知らず知らずのうちに経営の「結果責任」をも背負うことになる。

実際に、日々接するオーナーや店長が、自分たちと共にその職場を運営できなければ、彼らは生き抜くこともできない。そうした客観条件が、学生たちを「共同性」の意識を持たせる「装置」として機能している。

ただ、これを「想像の」と表現したのには理由がある。学生はもっと幅広い社会的文脈の中に生きているし、自分の「立場」がある。かつての日本型雇用の正社員ほどに、アルバイト先で待遇が保障されているわけでもない。求められる労働も単純なものにすぎない。そして何より、この「共同体」は、結局のところ本部や本社の末端であり、利益を吸い上げる源泉にすぎない。実態はベルトコンベアーの、分割された末端の一コマにすぎないのである。だから、学生がのめり込めば込むほど、「業績への責任」を感じれば感じるほど、人件費はむしろ削減され、彼らの負担は一方的に強まって搾取される。

彼らが「想像」するほどに、この共同体は彼らを包摂《ほうせつ》してはいないのだ。それにもかかわらず、業務の小宇宙での完結は、彼らをその「一員」として意識させるのに十分な浸透力を持っている。

「達成感」

さらに、経営者は学生が積極的に「想像の職場共同体」にのめり込むように戦略的に「やりがい」や「達成感」を与えるように労務管理を敷いている。

たとえば、集団指導塾・個別指導塾を経営する、塾業界大手の栄光ゼミナールには、「エクセレントグランプリ」という、講師の授業や接客の質を競い合う大会がある。講師のアルバイトたちは大会に参加させられ、無給で授業などを披露する。グランプリを受賞すると、海外旅行をプレゼントされる。大会当日は、千数百名の予選を勝ち抜いた二〇〇名が出場するのだが、その他の講師たちも参加させられる。参加は義務ではないというが、講師の多くが参加している。

大会で披露する授業の予習や、塾で行う練習の時間も当然無給である。無給でも授業を競い合いたいという講師も確かに存在しており、通常の授業が終わった後に、夜遅くまで一人教室で練習しているという。

すでに紹介したローソンでも、従業員の創意工夫、モチベーションや責任感を向上させるための工夫をしている。同社は、特に優れた接客を行うスタッフを「ファンタジスタ」として認定し、表彰を全社的に行っているという。

コンビニの発注を工夫し、店の売り上げを上げることに大きな「やりがい」を感じるアルバイトもいる。与えられたシステムの中で、自分がその末端の店舗をうまく運用することで利益を上げ、大きな達成感を得ることができる。個々の店舗は一つの共同体をなしており、外食にせよ小売りにせよ、その一連の業務は学生にも理解できる。その一連の業務を工夫して運営し、成果を達成することは、大きな喜びであるはずだ。

だが、そうした「工夫」はシステム全体や、そのスピードを変化させるものではない。自分たちの目の前にあるいくつかの業務の組み合わせや順番、入力する数値を変更し、あるいは客に笑顔を見せるといった工夫は、「面白み」や「達成感」を与える一方で、その「結果」が新たな基準となることで、かえって労働を過酷にしてしまうだろう。実際に、製造業のベルトコンベアー方式の下でも、労働者自身が作業の順番を少し変えたりすることで、効率を上げてきたのだが、その結果、労働がよりきつくなることもしばしばだった……。このように、システムの下で学生にある程度の「裁量」が与えられることで、彼らは「想像の職場共同体」にますますのめり込み、ベルトコンベアーに組み込まれていく。

経営との一体感

「想像の職場共同体」への動員は、「経営に疑似的に参加させる」ことで、全面的に開花する。すでに紹介した、繁忙期に一日に一七時間のシフトが組まれてしまう、大手アパレルチェーン店の事例が典型である。

同社では、学生アルバイトであっても、店舗の売り上げに積極的に貢献する姿勢が求められる。毎日の朝礼では、その日の売上目標が発表され、社員やアルバイトの別なく皆、目標金額をメモする習慣がある。社員が中心となって、売り上げを伸ばしていこうという雰囲気を盛り立てる。

売り上げの達成のためには、任意で従業員が商品を購入することもあった。たとえば大掛かりなキャンペーンがあって、千数百万円の達成が目標だったとする。閉店になり、商品の補充や整理、掃除をしていると、レジの精算が同時に行われ、全員が装着している無線のインカムに「×万円です」と連絡が入る。そうすると店長が「買いたい人は買って」「達成のために買おう」などと呼びかけるのだ。学生の証言では、店長が「私いただきます」と購入し、レジのほうから「さすが店長！」との声が上がり、歓声と拍手が鳴り響いた。

また、その学生が明日は早めに帰りたいと社員に相談した際には、社員が説得しようと「昨日は一日に一五〇〇万円売り上げたんだよ。すごくない？　売り上げに貢献しようよ」と引き留められたという。

疑似経営者目線

こうして、「想像の職場共同体」を通じて経営や業績と一体的になった社員は、それを梃子《てこ》に、さらに「内面」の次元で「経営者目線」へと水路づけられる。

セブンイレブンでは、アルバイトに責任を任せる管理戦略を、自分たちの「強み」であると公言している。多数の類書が出版されているのだが、その一例を挙げよう。セブンイレブンとローソンで店長やスーパーバイザーを一五年務めた著者による『セブン‐イレブン流 九八％のアルバイトが「商売人」に変わるノート』（トランスワールドジャパン）には、次のように書かれている。

ノートについて説明する前に、ここではセブンイレブンという組織について説明します。セブンイレブンの現場では、スタッフ作業、つまり決められた仕事をするだけの人材はあまり求めていません。逆に素質に関係なく、挑戦する思考があるスタッフを求めています。それはなぜでしょうか？　売上に直結する「発注」をパートアルバイトのスタッフに任せることが、セブンイレブンの最大の目的だからです。

特に海外の経済学者が驚くのは、商品の発注など、経営を左右する重要な仕事を学生スタッフや主婦パートが実践し、成功していることです。セブンイレブンが求めるスタッフは、「発注」を考えて行動できる人なのです。

(セブンイレブンではバイトに)一〇〇円の商品を一〇個売ったらいくらの利益になるか、いくら儲かるかということを教えていくのです。(中略)初めてアルバイトをするスタッフにも、この考え方を浸透させる風土がセブンイレブンにはあります。店舗のスタッフが、普通に「どれくらい利益になるか」を語っているのです。

すこし長くなったが、大変含蓄《がんちく》に富む文章である。コンビニ経営の本部自身が、学生に期待する「責任」について、サービスの質への責任、そして「結果」への責任であることを明言し、その意識を持たせることが競争力の源泉であると説明している。しかも彼らが「経営の意識が身につく」「経済がわかるようになる」といった趣旨で「アルバイトで働くことの価値」を強調していることはさらに重要だ。

こうした戦略は、「想像の職場共同体」における「結果責任」を媒介として、学生の意識を「契約を結んでいる」とか、「お金をもらっている」という外在的な責任感から、むしろ積極的な「成長できる」「学ばせてもらっている」、といったものに再編する。実際に、別の本で鈴木敏文会長は次のように述べている(勝見明『なぜ、セブンでバイトをすると三カ月で経営学を語れるのか?』プレジデント社)。

高校生アルバイトも現場で、日々の実践が店の業績にダイレクトに結びつく経験を積み上げていけば、三カ月後には鈴木流経営学が浸透し、知らず知らず、経営学を語るようになるのも、何の不思議もない。

スタッフが顧客に対し、配慮不足の行為が見られたら、高校生アルバイトであっても容赦なく叱り、けっして自分本位で仕事をしてはならないと、気づきを促す。

また、学生アルバイトは単に時給を得るためのものではなく、「社会に出るための勉強をしている場でもある」という位置づけも、気づきの促しを後押ししているのだろう。

この動機付けの戦略は、学生自身の「順応」の質を「仕事だからやる」から、「企業業績の結果のためにやる」、そして「自分の成長のためにやる」という、「責任」の次元を超えた地平へと転換させるものだ。ここではすでに、「企業業績」＝「自分の成長」という等号が成立し、彼らが「時給をもらうアルバイトに過ぎない」という契約関係の地平は完全に葬《ほうむ》り去られている。「想像の職場共同体」が現実の契約関係を凌駕《りょうが》させ、「疑似経営者」としてのアルバイトの主体性を、完成させるのである。

もちろん、こうした経営方針が即座にアルバイトをすべて「ブラック」にするとは思わない。すぐれた経験を積む学生もいることだろう。だが、「やる気」が利用される凄惨《せいさん》なブラックバイトが引き起こされている事態と、まったく無関係であると結論することもできないだろう。

「やりがいの搾取」を大きく発展させた

実は従来から、わずかな工夫の余地にのめりこみ、「自己実現」させられるアルバイトの実態は報告されていた。「やりがい」をキーワードにした若者の搾取の指摘は、ちょうど一〇年前に盛んに行われていた。当時は「フリーター」が増大する中で、彼らが低賃金・不安定な労働条件にあるにもかかわらず、なぜ仕事にのめり込んでいくのかに関心が集まっていた。

本田由紀の「自己実現という罠〈やりがい〉の搾取」(『世界』二〇〇七年三月号)によれば、「フリーター」には「自己実現系ワーカホリック」と呼ぶべき現象が見られた。これには①趣味性、②ゲーム性、③奉仕性、④サークル性・カルト性の要素があり、①趣味性とは、自分の好きなことをアルバイトにすることで、のめり込むという要素だ。当時ベストセラーになった阿部真大の『搾取される若者たち』(集英社新書)には、バイク便ライダーが、「趣味」ゆえに仕事にのめり込む様子が描かれている。

また、②ゲーム性とは、本書でいう責任感や達成感に似ている。たとえば、コンビニの労働過程についての居郷至伸の研究に基づけば、コンビニの店長・副店長に抜擢《ばってき》された非正規労働者が、オーナーによる最終承認は求められつつも、かなりの裁量性が与えられることで、「疑似自営業者的就労形態にある」と指摘できるという。彼らは「絶対利益を伸ばしますし、きっちり売上も伸ばしながらやっていきますって意思はあります」という言葉に端的に表れているように、自分たちの戦略や力量に自信を持ち、それを達成しようと仕事に多大なエネルギーを投入しているというのだ。

そして③奉仕性とは、特にケアワークに見られるような対人サービスゆえのやりがいであり、④サークル性・カルト性とは、居酒屋の事例に見られたような、乏しい対価にもかかわらず職場での一体感で観念的に盛り上がる状況を指摘している。

今日、これを読み返すと、ブラックバイトのほとんどの要素がすでに指摘されていたことに驚く。だがその一方で、当時の「やりがいの搾取」では想定されなかったような、大きな変化をブラックバイトに見いだすこともできる。

まず、かつてのような趣味的・任意的な側面は明らかに後退し、職場の「必要性」は極限まで高まり、彼らを拘束している。彼らが「趣味性」や「カルト性」(一体感)の延長でのめり込んだ事態を越え、今日では職場の切迫度、必要性が桁違《けたちが》いに増し、全般化した。正社員の「ブラック企業」問題化は、ますますこれを強める。

そして何より、趣味性、奉仕性、ゲーム性といった、「やりがいの利用」にとどまらず、経営戦略を内面化させ、企業業績を共同で意識するところにまで進んだことが、この一〇年間の巨大な変化であろう。もはや「やりがい」をつうじてのみワーカホリックになるのではない。学生たち自身が、経営者としての責任を負うものへと意識を転倒させられているのである。居郷の指摘する「疑似自営業者的就労形態」が「ゲーム性」の延長線上で分析されたことと比較して、これは隔絶している。

この現象が、企業社会から排除された「フリーター」ではなく、これから企業社会に参入しようとする「学生」をターゲットに進展したことはさらに重要である。そこには、次に見るように「人的資本万能主義」が、学生を取り巻くマクロな権力関係を編成していることが読み取れるからである。

4 希薄な法規範と権利意識

学生が「ブラックバイト」に自らはまり込む第四の要因は、「人的資本万能主義」の浸透による、学生を取り巻くマクロな権力関係の変化である。この権力関係は、学生に労働市場における「契約当事者」としての権利意識を持つことを許さない。

就職の意識

学生アルバイトに対する最大の「殺し文句」がある。それは、「これではおまえは社会で通用しない」というものだ。労働相談、労使交渉の場になると必ずと言っていいほど直面する。こうした言葉が学生に強力に作動するのは、彼らの多くがアルバイトを「社会経験」だと思い、参加しているからに他ならない。次のような証言はわかりやすい。

私は今、塾でバイトをしているのですが、時給は授業をしている間だけです。これはおかしいと思うのですが、将来教員になりたいのでその練習として働いたりしている部分もあります。また、今幹部のような扱いなので、それが就職活動をもしするとなったときに経験として生きてくるのかと思う反面、なぜ給料が出ないのという不満もあります。

この記述はある授業のアンケートに答えてくれたもので、本人はその後も未払い賃金を請求していない。この記述からわかることは、彼らがアルバイトを直接の就職活動や就職後のキャリアに結びつけて考えていることだ。アルバイトを社会経験として行う慣行は以前からあるのだが、その「比重」はまったく違ったものになっている。

以前であれば、大学生は基本的に就職の可能性が保障されていた。アルバイトが社会経験だといっても、それが直接に将来役に立つものだとか、就職活動を有利にするものだと考える者はあまりいなかっただろう。就職活動は大学や学部の所属、あるいは所属ゼミや部活動の人脈に決定的に規定されていた。

だが、今ではむしろ、学校の勉強ができるなどということよりも、「アルバイト先でリーダーをやっている」ほうがよほど社会的なステイタスが高いと考える学生が大勢いる。学校の勉強や成績が将来の就職や仕事に役立つのかわからないのに比べ、アルバイト経験は直接的に「就職活動の売りになる」というわけだ。

アルバイト先こそが、「居場所」になる

そして、何の役に立つのかわからない学問を教える学校の先生よりも、職場の先輩や、上司にあこがれる。そもそも、授業よりも仕事のイメージがつきやすく、具体的に能力が評価されるアルバイトのほうが「面白い」のである。こうした学生のアイデンティティの所在の移転は、彼ら自身の現実の「居場所」の比重をアルバイト先に移動させている。

彼らにとって「仲間」がいるのは授業やゼミではなく、アルバイト先なのであり、学生生活の人間関係の中心はそこで築かれる。最近では大学の「サークル崩壊」は顕著になっており、大学が学生たちにサークル活動をするように指導するところまである。

学生にとっての自己評価、社会的承認の内容は、「学生であること」ではなく、アルバイト先の評価、承認へと変貌しているのだ。

『ブラックバイト』(堀之内出版)の共著者である教育学者の大内裕和は、戦後の学校教育に一貫して内在してきた職業と学業との分断状況が、こうした状況の背後にあると指摘する。そして、日本型雇用という「学校→就職」のルートが崩壊することで、一気に学生の居場所をアルバイト先に移動させたというのである。

「人的資本万能主義」と権利意識の希薄さ

このような変化が、すでに見た「想像の職場共同体」を、その外側にある社会の側から支えている。「想像の職場共同体」へと子どもを学校や社会が押し込み、そこから逃がさない役割を果たしている。あくまでそこは「居場所」なのだから、彼らの「労働者」としての意識は希薄である。

しかも、この「居場所」は学生や親から、「成長の機会を与える」ものと見なされていることが、より事態を悪化させる。前節で指摘したように、「企業業績＝自分の成長」だとの考えだ。これを言い換えるなら、アルバイト経験は自分自身への投資、すなわち「人的資本への投資」だということになるだろう。

そもそも、「人的資本」とは、ゲーリー・ベッカーにより提唱され、今日の教育学には多大な影響力を持っている概念である。人的資本論に基づけば、人間は一つの「資本（株式会社）」と見なされる。そして、彼らは「所得」を生み出すために、自己自身への投資を計算し、行動するものとされる。実際に、資格試験の氾濫や大学一年生からの「キャリア教育」によって、今日の学生たちは、自らの「人的資本への投資」による生き残りを強く意識させられている。

だが、どの社会においても、「人的資本」だけでこの社会を生き抜くことはできない。労働条件を規制する労働法、生活を保障する社会福祉制度、それらが「人的資本」に基づく「所得」を補完して、はじめて生き抜いていくことができる。それが現代の資本主義社会である（仮に「人的資本」の概念を受け入れるとしても、である）。つまり、人間は完全に「資本」として自立することは不可能で、「労働者」や「学生」など、社会的な立場を持ち、それに守られている。

それにもかかわらず、今日の日本社会には、「人的資本万能主義」ともいうべき思想が蔓延している。「労働者の立場」からの権利行使や待遇改善、あるいは労働法制の改善ではなく、もっぱら「自分の能力への投資」でこの社会を生き残ろうとする姿勢である。これがブラックバイトを促進している。

学生は「経験のため」や「社会で通用しない」などと言われると、簡単に労働法が定めた「労働者としての権利」を、自発的に放棄する。自らの拠り所を「人的資本」に預け(させられ)ているために、労働政策や雇用・福祉政策は疎遠なものに感じる。このような意識が浸透した労働者に対してこそ、本章で見てきたような労務管理は絶大な威力を発揮するのだ。

ブラック企業対策プロジェクトのアンケート調査結果からも契約や権利意識の希薄さが見て取れる。不当な扱いの経験率は七割弱(六六・九%)ある一方で、不当な扱いを経験した学生の半数近く(四八・八%)は、何も対処していない。また、募集内容と実際の仕事の内容・労働条件が違っていた者は約一割(九・八%)もいる。契約書がないほど労働条件が悪いことも示されている。

もはや言うまでもないことだが、ブラックバイトが「人的資本投資」となる保証など、どこにもない。それどころか、過剰な労働は学生としての生活を破綻させる大きなリスクを抱えている。第5章で再度論じるが、本来の「人的資本論」の考えからしても、ブラックバイトの経験は逆効果なのである。

5 学生の貧困と奨学金

生活費・学費のためのアルバイト

最後になるが、ブラックバイトが広がる最大の背景に、学生の貧困と奨学金の問題が指摘できる。ブラック企業対策プロジェクトのアンケート調査結果によれば、大学生がアルバイトをしている理由として、「生活費を稼ぐため」が四三・六％、「学費を稼ぐため」が一五・九％となっている。さらに、労働時間が長時間にわたる学生ほど、「生活費を稼ぐため」「学費を稼ぐため」という回答の割合が高いことが明らかになった。

家計状況の悪化と学費の増大

それでは、なぜ大学生は生活費や学費のためにアルバイトに従事しなければならないのだろうか。そこにはまず、家計状況の悪化がある。

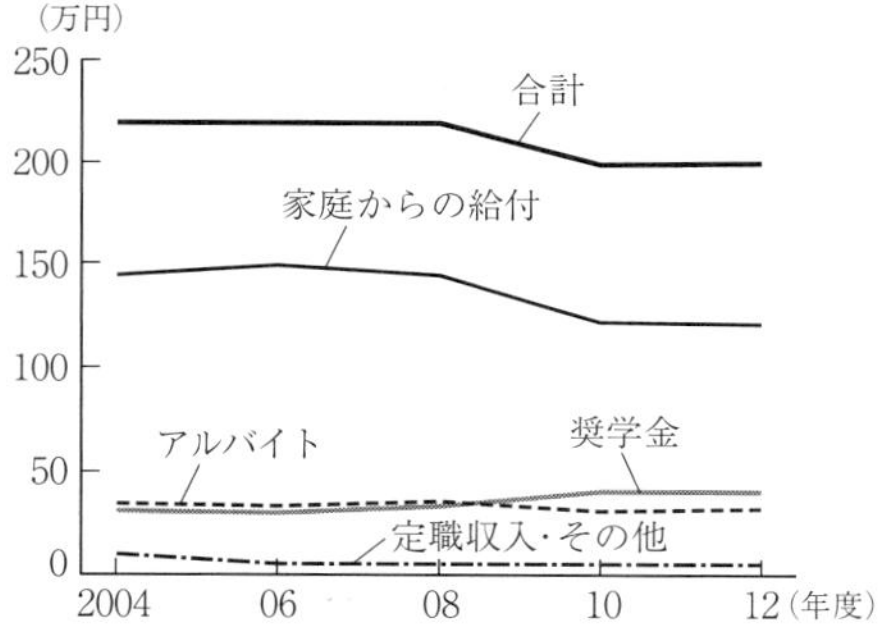

図３　学生(大学昼間部)の収入
出典：「学生生活調査」(日本学生支援機構)

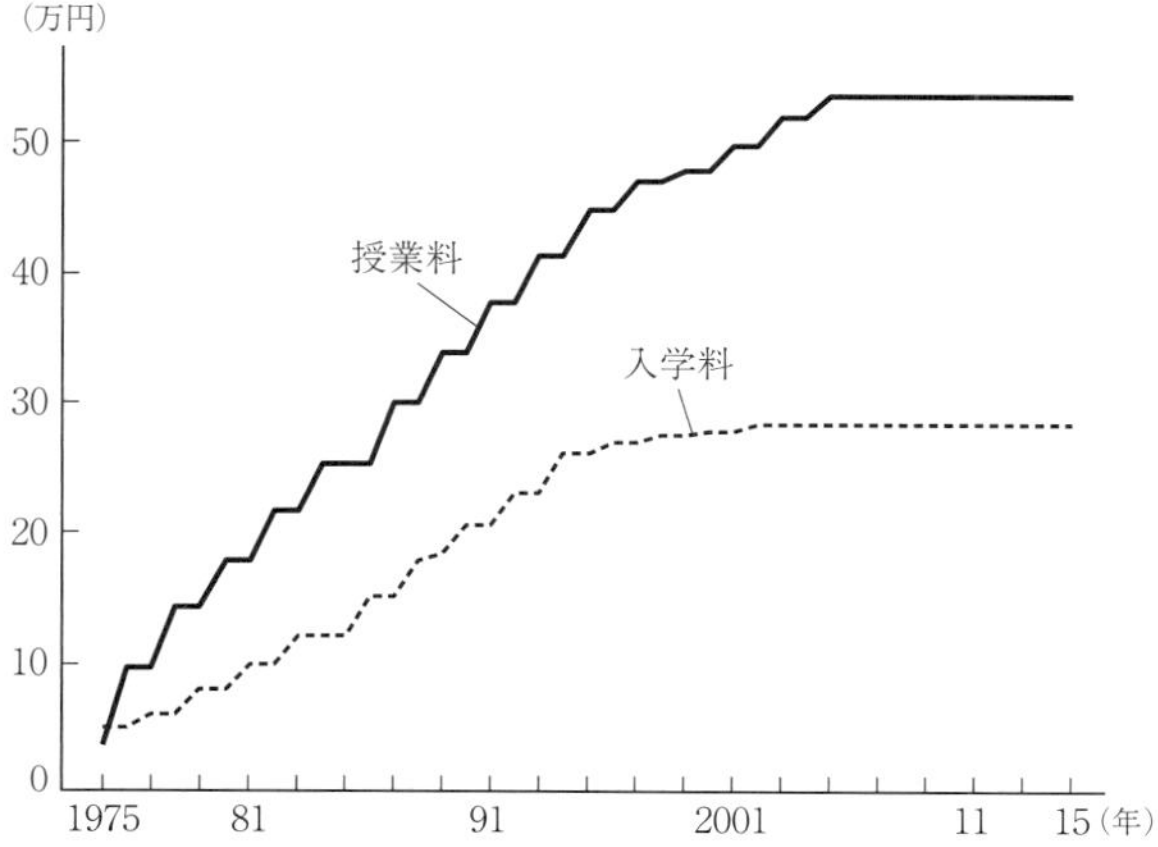

図４　国立大学及び国立大学法人授業料と入学料の推移
出典：「国立大学と私立大学の授業料等の推移」(文部科学省)

日本学生支援機構の「学生生活調査」(二〇〇四年度から二年おきに実施)によると、大学昼間部の学生の収入全体はピーク時の二〇〇四年度の二二〇万三〇〇〇円から二〇一二年度には一九九万七三〇〇円に、また、収入のうち「家計からの給付」はピーク時の二〇〇六年度の一四九万六三〇〇円から二〇一二年度には一二一万五二〇〇円まで落ち込んでいる(図3)。

第二に、学費の増大である。国立大学においては、一九七五年には授業料が三万六〇〇〇円、入学料が五万円だったが、二〇〇五年以降現在に至るまで授業料は五三万五八〇〇円、入学料は二八万二〇〇〇円(現在は国立大学法人、いずれも標準額)と、授業料は一四・九倍、入学料は五・六倍も高騰しているのである(図4)。

就職活動の資金のためのアルバイト

さらに、大学生は就職活動の資金稼ぎのためにアルバイトをしなければならない。ブラック企業対策プロジェクトの調査では、アルバイト代の使途として「就職活動費」を挙げた者が七・六%おり、週あたり労働時間が二〇時間を超える者に限定すると一一%を超える(ただし、この結果は全学年で出しているため、三・四年生に限定するとさらに割合が高くなる可能性がある)。

二〇一五年九月に実施された『就職ジャーナル』の調査によれば、内定を得て就職活動を終えた短大二年生、大学四年生、大学院修士課程二年生が二〇一五年三月の就職活動スタートから費やした交通費の平均は四万八六三三円であった。

交通費の額は居住地域によってかなりの格差が存在し、首都圏の三万四九五七円、東海圏の四万一九四八円に対し、関西圏では五万三七九八円、その他の地域では六万七二七三円となっている。もっとも交通費がかかった層では五〇万円にも上り、特に九州地方の学生が多かったという。

交通費のほか、スーツ代は三万九八一四円、靴代は九九九五円、バッグ代は八二七七円、シャツ・ブラウス代は七九〇七円、ネクタイ代（男子学生のみ）は五三六三円が平均でかかっており、すべて合わせると一一万九九八九円もの出費となってしまう。

「前借金」と化す奨学金

家計状況の悪化と学費の増大、就職活動での多大な出費といった大学生のおかれた状況の変化は、ブラックバイトの温床となるだけでなく、「奨学金」という名の教育ローンの利用を促進している。ここで教育ローンと呼んでいるのは、日本における「奨学金」のほとんどが日本学生支援機構（ＪＡＳＳＯ）の貸与制奨学金だからである。

文部科学省高等教育局学生・留学生課「(独)日本学生支援機構(JASSO)奨学金貸与事業の概要」によれば、日本の奨学金の八七・六%(金額ベース)が日本学生支援機構の奨学金となっている。OECD三四カ国中、大学授業料が有料でかつ給付型奨学金がないのは日本だけである。さらに、貸与制であるだけでなく、有利子である第二種奨学金の割合が高い。二〇一四年には、第二種奨学金が全体に占める割合が貸与人員で六五・四%、貸与金額で七二・一%にも上っている(日本学生支援機構「平成二六事業年度 事業報告書」)。

こうした奨学金は、卒業と同時に数百万円にも上る「借金」を学生に負わせることになる。しかも、それは利子によって元本よりも年々増える性質のもので、多くの若者が卒業と同時にローンの利払いを背負っているのである。その結果、卒業後に働く学生にとって劣悪な労働にしばりつける実質的な「前借金」ともなっている。前述の「日本学生支援機構奨学金貸与事業の概要」によれば、平均貸与総額が学部生で実に二九五・五万円、大学院生で三七八・七万円にも上り、奨学金を利用した大学生は約三〇〇万円の借金を負った状態で就職することになるのである。

これだけの金額に及ぶ奨学金返還のために、できるだけ貯金しようとアルバイトに従事する学生も存在する。都内のある大学の教員によれば、卒業前にできるだけ「きれいになりたい」

と言って必死にアルバイトに勤《いそ》しむ学生がいるのだという。ブラック企業対策プロジェクトの調査においても、アルバイト代の使途として「奨学金に向けた貯金」を選んだ者が七・七％おり、週二五時間以上の学生アルバイトをしている学生に限定すると一一・四％にもなっている。

学業を続けるために教育ローンを借り入れながら、将来の教育ローンの返済のために長時間のアルバイトに駆りたてられる。もはや、転倒しているとしかいいようがないが、学生の貧困化がアルバイトに駆りたてる実情を理解するには十分すぎるだろう。

奨学金の返済困難と厳しい取り立て

しかも、奨学金の返済は近年強化され、学生たちの「将来」への恐怖感を強めている。「日本学生支援機構奨学金貸与事業の概要」によれば、返還中の約二九二万人のうち、三カ月以上の滞納者が二〇・八％となっている。それは、返還免除は死亡や重度の心身障害を負った場合に限られ、ほとんど無に等しいからだ。返還猶予については「生活保護」受給と「傷病」による就労不可の場合には、その事由が継続している期間中認められるが、年収三〇〇万円以下を目安とする「経済困難」の場合は一〇年間の期限が設けられている。つまり、一〇年経っても年収が上がらなかったとしても、返還猶予は期限切れとなってしまうのである。また、減額返還もあるが、ただ単に月々の返済額が半分になるだけで返済総額は変わらない。

実際に返済困難に陥った場合にはどうなるのだろうか。滞納三カ月以上で個人信用情報機関（いわゆるブラックリスト）へ登録され、延滞が解消したとしても五年間はローンやクレジットカードの審査が通りにくくなる。滞納三カ月から九カ月までは債権回収専門会社（サービサー）による取り立てが始まり、九カ月を超えると自動的に法的措置に移行する。奨学金の一括返済を求めたうえで、督促に応じなかった場合には訴訟にまで発展してしまうのである。

こうした訴訟が機構の発足した二〇〇四年の五八件から二〇一二年には六一九三件にまで急増している（『東京新聞』二〇一六年一月三日付）。一〇〇倍以上の訴訟急増の中には、明らかに強引な取り立ても見受けられる。たとえば、三宅勝久によると、奨学金を利用して大学に通学していたものの、両親の離婚で家計状況が悪化したため学費未納で除籍された後に、アルバイトをしながら専門学校に通っていた学生が、在学猶予の制度を知らずに返済をしていなかったところに機構が裁判を起こした事例や、卒業後に難病を罹患《りかん》して就労に制限がかかり、困窮状態にあった人に機構が裁判を起こした事例などがあるという（『日本の奨学金はこれでいいのか！』あけび書房）。

大学を卒業しても低賃金の非正規雇用で貧困に陥ったり、ブラック企業で使い潰されて就労が中断されるなどの労働問題を抱えた末に、奨学金の返済が困難となる若者は今後も増加していくことが予想される。そのときにはもはや、日本の奨学金制度は本当に立ち行かなくなってしまうだろう。その意味で奨学金は「時限爆弾」であるともいえる。非正規雇用が四割に達し、たとえ正社員であったとしても「ブラック企業」がかなりの割合を占める。貧困な若者たちが、今後「一〇年猶予」を経過して、次々に裁判に訴えられていくのではないだろうか。

このような恐怖を背景として、今この瞬間にも奨学金返済の圧力は、「前借金」として若者をブラック企業やブラックバイトに縛り付けてもいるのだ。

経済的事情を背景として、支配する

塾講師として働いていた私立大学二年生のIさんの事例を紹介しよう。彼が働いていたのは、大手個別指導塾のフランチャイズ企業である。社員は数人おり、学生アルバイトは二〇人ほど働いていたが、教室長のオーナーも社員も講師経験もなく、授業はすべて学生アルバイトが担っていた。完全に「学生任せ」の典型的な教室だった。

Iさんは、大学入学時から奨学金を借りていた。通っているのは私立大学で、親からは「学費で手一杯だから、生活費はアルバイトで稼いでね」と言われていたという。親自身も教育ローンを組んで学費を工面しており、家族が二重に借金をする状態に陥っていた。

このような状況で、彼は生活費を稼ぐためにアルバイトに応募したのである。問題は、彼がこうした就労の動機をアルバイトの面接で言ってしまったところから始まる。この塾では、Iさんが生活のためにお金が必要としていることを知ると、大量にコマを割り振った。しかも、ただ仕事を増やしただけではなかった。「生活のために辞められない」という事情につけ込み、不払い労働を繰り返し命じたのだ。

まず、この塾では違法なコマ給制度を採っていた。アルバイトを始めるとすぐに、上司の指示で授業開始二〇～三〇分前に出勤させられていた。そして、少し経つと「生徒のために、授業の復習テストを作ってほしい」と言われ、授業前に二時間不払いで働かされた。生徒のテスト結果を分析し、指導の方針を考えるための検討会も、無給だった。

さらに、夏休み前に夏期講習の計画を家で作ってくるよう会社から指示され、その分の給料はまったく支払われなかった。一人一人の計画を立てねばならず、この作業のために、三日間徹夜をしなければならないほどだった。Iさん自身も、繰り返される「無賃労働」の命令に「おかしい」と思ったという。

しかし、「おかしい」と気づいても、彼は塾を辞めることはできなかった。生徒に年度の最後まで指導をする責任を感じていたことに加え、生活のためにお金が必要だったのだ。その上、契約書に「年度末(三月)までの雇用」と書かれていたことが、決定的だった。

Ｉさんの事例からは、学生が経済的な事情からブラックバイトを辞めることができず、不当な労働を強いられていることがよく理解できる。そして、経済的事情に、責任感や脅しの要素が加わることで、がんじがらめの支配をより強固にするのである。

4章　どうすればいいの？——対策マニュアル

1　異変に気づく家族と教師

ブラックバイトの実情に対し、大学の教師や家族も異変に気づき始めている。私たちのもとに寄せられる、家族からの相談は多数に上る。一例を挙げよう。

関西の男子大学生(一九歳、二年生)は、ネットで見つけた個別指導塾でアルバイトを始めた。もともとは週三日勤務で契約したが、働き始めると週五日勤務になり、生徒の予定次第では日曜日も働いている。アルバイトからの帰宅が毎晩二四時をまわり、翌朝大学に行くために朝七時に家を出ている。バイトを始めて半年ほど経った最近「バイトリーダー」に任命され、「やりがいを感じている」と家族に語っていた。

しかし、長時間労働の影響で、食欲不振になり体調を崩してしまった。アルバイトが忙しすぎて病院にも行けていない。本人は「バイトのストレスはない」と言い張っている。卒業に必要な語学の単位を落としかけており、大学生活に大きな支障をきたしているが、本人は「単位を落としてもバイトは続ける」と言っている。親が塾に連絡しようとすると「文句を言うなら家を出て行く」と口論になった。

これは大学生の母親から寄せられた相談である。典型的なブラックバイトの事例だ。客観的に見れば会社の都合に翻弄《ほんろう》されており、学業に支障をきたしているのだが、学生本人は職場にとり込まれており、おかしいと思っていない。

このケースは、大学生が親と同居していたため、親が介入して強制的に退職させることになった。しかし、もし親の介入がなければ、本人は大学の単位を落とし、ひどい場合には留年や中退につながっていたことは、容易に想像できる。

このように、ブラックバイトでも子どもがおかしいと思っていないケースもあれば、逆に子どもが親に心配をかけまいと、あえて隠しているケースも多いのだ。

教員たちの目にも、もはやブラックバイトの弊害は明白である。大学のゼミが成立しない、授業中に電話で職場に応対し、退席してしまう学生が後を絶たない……。私の周辺の大学教員たちも、口をそろえて「ブラックバイトは本当に深刻な問題」「早く政府に手を打ってほしい」と言う。大学からの、私に対する「アルバイト問題への対応セミナー」の講師依頼も頻繁に寄せられるようになった。こうした危機感の広がりは、問題を解決する上でとても大切なことだ。では、学校の教員を含め、私たち市民は何を知り、どのように行動すればよいのだろうか。

2　ブラックバイトの見分け方

まずは、「ブラックバイト」の見分け方を紹介しよう。

あらかじめ職場を観察しておく

アルバイト先を探す際には、働く店舗の様子をあらかじめ観察しておくことが必要だ。これまで述べてきたように、ブラックバイトの大きな特徴は学生を無理なシフトに組み込むということにある。それは、職場の慢性的な人手不足が関係している。何度か店舗に足を運んでみて、たとえば同じアルバイトが毎回出勤していたり、明らかにフロア面積に対して従業員の数が少なく接客が十分にできていなかったりすれば、人手が足りておらず過度にシフトに組み込まれる可能性が高い。また、閉店間際に行っても学生アルバイトが働いている場合や、他の従業員に指示を出しているのが学生であるような店舗も、学生アルバイトに依存している職場であると考えられるため、注意が必要だ。

先輩や友達の働き方を確認する

その職場で働いたことがある知り合いがいれば、その人に勤務状況を確認するのもよい。どうやってシフトが組まれているのか、一週間に何時間くらい働いているのか、職場の雰囲気はどうかといった情報を入手することで、自分がバイトで雇われた際の働き方を予想することができる。

もし、アルバイトを始めた途端に授業に来なくなったり連絡が付きにくくなったりすれば、ブラックバイトの危険性が高いと考えられる。

「契約企業」を見極める

また、アルバイト先の店舗が、直営店かフランチャイズ店舗なのかを見極めるのも重要な要素の一つだ。というのも、直営店のほうが、万が一問題が起こった場合の対処も早いと考えられるからだ。

たとえばコンビニのアルバイトでトラブルがあった場合を考えてみよう。フランチャイズの店舗であれば、直接的な雇用関係は、セブン－イレブン・ジャパンやローソンといった大企業とではなく、その名前をフランチャイズとして使っている地方の零細企業とのあいだにあるので、請求はこの零細企業に対して行うことになる。そうなった場合、セブン－イレブン・ジャパンなどの大元からは、形式的には「うちが雇っているわけではない」と相手にされない。もちろん、その主張が妥当かどうかは別問題だが、まずは雇い主＝零細企業との交渉になり、そのうえで大元＝セブン－イレブン・ジャパンなどに対して、零細企業への指導を求めることになる。

これが直営店であれば、大元の大企業に直接話し合いを求めることができ、どこかの零細企業をあいだに挟む必要がないのですぐに対応を引き出しやすい。また、直営店のほうが、相対的に労務管理が行き届いている場合は多い。このように、直営かフランチャイズかを見分けることがポイントの一つになる。

直営店かどうかを見分けるには、当該店舗に直接確認したり、ホームページを検索することで、判断できることがある。それでわからない場合でも、実際に契約を結ぶまでには明らかになる。なぜなら、労働契約を締結する相手が直営店であれば大元の企業になるが、フランチャイズであれば地域の零細企業になるからだ。この意味でも、契約書をきちんと確認することが重要だ。

契約書がきちんと発行されるかを確かめる

また、そもそも契約書がきちんと発行されるかどうかも、ブラックバイトを見分ける一つの指針になる。法律によって、会社は契約の内容を記した書面を必ず渡さなければならないことになっている。しかし、問題のある企業では契約書や就業条件明示書を発行しないケースが多々ある。

特に、契約書を求めても出さないところは要注意だ。意識的に発行しないということは、給料がいくらで労働時間がどのくらいかなどの労働条件を労働者に知らせたくない意図があると考えざるを得ない。求人と異なる内容で働かせられていても、契約書がなければその違いを証明することは難しくなる。

繰り返しになるが、ブラック企業対策プロジェクトの調査では、労働条件が書面で通知されていない学生ほど、被害にあうケースが多いことが示されている。

また、これに関連して契約内容の確認が重要であることはいうまでもない。「〜の場合には損害賠償を請求する」など、賠償請求を予定するような契約書を提示された場合には、就労を控えたほうがよいだろう。

親を保証人にさせたり、不必要な個人情報を求めたりする

法律では一八歳未満の人を雇用する際には年齢の確認できる書類を会社が保管しておく必要がある。このため公的証明書などを求めるケースはあり得る。また、緊急連絡先を求めることも合理的な範囲ではあろう。だが、必要以上に個人情報を求めたり、親に「連帯保証人」になるよう命じる会社は注意したほうがよい。そもそも、住民票や戸籍謄本《とうほん》も、就労にあたってまったく必要のない個人情報である。これらが求められたから即座に「ブラックバイト」だとはいえないものの、不自然さを感じたら注意すべきだろう。

実際に、これまでに寄せられた相談事例には、何かトラブルがあったときに「自分でなんとかしなければ親に連絡する」「実家まで行くぞ」と脅し、親の情報を「人質」にとってきた事例が複数ある。親に迷惑をかけたくない学生が、会社の理不尽な要求を飲んでしまったケースも多い。また、親が「連帯保証人」になっていたため、子どものアルバイト先から「損害賠償」を請求されたというケースもあることは、すでに示した通りである。

3　トラブルへの対処法

とはいえ残念ながら、「ブラックバイト」を完全に見分けるのは不可能である。いくら人手が足りているように見えても実際には一部の学生に過度な負担がかかっている場合もあれば、入社直後は問題なくてもある時期に突然たくさんのアルバイトが辞めてしまい状況が一変する可能性もあるからだ。「ブラックバイト」が商業・サービス業の近年の業態に根ざしている以上、常にリスクを抱えていると考えたほうがよい。

特に学生アルバイトが多い職場は、卒業シーズンや就職活動の時期になると上級生が休みがちになったり一斉に退職したりしてしまうことがあるので、その時期を境に急にブラックな状況に追い込まれるケースは多い。学生アルバイトは常に「ブラック化」する危険をはらんでいるのだ。

だからこそ、次に見るトラブルに巻き込まれてしまったときの対処法について、知っておいてほしい。

最賃割れの賃金、残業代不払い

アルバイトの労働条件は、都道府県別に定められている最低賃金（最賃）を下回ってはならない。最賃は毎年一〇月に改定されていて、厚生労働省のホームページに載っているので、職場のある都道府県の最賃がいくらかをあらかじめ調べておくことが大切だ。

最賃はすべての労働者に適用されるため「アルバイトだから」「高校生だから」という理由を付けて、時給をこの水準以下に設定することは明確に違法である。一時間当たりの賃金が最賃以下になっている場合は、自動的に最賃との差額分の賃金の支払い義務が発生することになる。

また、働いた時間分は必ず給料を支払わなければならない。ここでいう働いた時間＝労働時間には、働くにあたって必要な業務や準備がすべて含まれる。たとえば、制服に着替えるための時間や開店前のミーティングの時間、閉店後の片付け、日報の作成といったことも労働時間になる。なぜなら、それらは業務を行うのに必要な行為であり、会社に命じられて業務の一環として行っているからだ。着替えなければ仕事を始めることができないし、片付けを行わなければ翌日の業務に支障をきたしてしまう。シフトに入っている分が労働時間ではなく、実際に業務に従事している時間が労働時間に当たるので、これらの作業を行っていれば、その時間に対して会社は給料を支払う義務がある。

したがって、「自主的に」シフト外の時間に発注作業を行ったり、勤務したりした場合の給料も後から請求できるし、「仕事が遅い」とか「これは研修だ」など、どのような理由を付けても、残業代の支払い義務は免《まぬが》れることができない。

特に、給料の未払いが蔓延《まんえん》しているのは、塾業界である。学生アルバイトが多い塾業界では「コマ給」という給料体系を採用している。これは、「一コマ九〇分＝一八〇〇円」などと設定して、担当する授業＝コマ分しか給料を支払わない手法だ。しかし、塾講師のほとんどは授業間に生徒の相談にのったり、授業後に業務日報を作成したりしているが、これらの時間には不当にも給料が支払われていなかった。なかには、「報告書作成代」として二〇〇円支給するとして、問題をごまかす塾もあった。このコマ給は違法な賃金の支払い方法だと厚生労働省も認識しており、塾業界に対して改善するよう、異例の要請書も二〇一五年三月と一二月に出している。

未払い賃金の請求方法

給料の未払いについては、労働基準監督署（労基署）が取り締まりを行っているので、これがある場合は、労基署に申告すれば良い。ただ単に「未払いがある」と伝えても信憑《しんぴょう》性に乏しいので、行政が動くことは難しい。このため、あらかじめ証拠を残しておくことが重要だ。タイムカードの写真や労働時間のメモを残し、それらを労基署に持参するとよい。

もし一人で労基署に行くことが難しい場合は、後で紹介する相談機関に相談することで解決できる。これらは、労働問題の専門家で運営されており、労基署の活用方法など賃金請求に必要な手続きについてのノウハウを持っているので、一緒になって解決することができる。

罰金、ノルマ、自腹購入

まず、大前提として、「ミス」をした際の罰金の請求などは原則として違法だということを確認しておいてほしい。労働契約法は、客観的に合理的な理由がなければ罰金や減給を含む懲戒は無効だとしており、業務上のミスに対して罰金を課すのは、故意に行っているのでなければ、基本的には無効になる。もし仮に罰金が有効だとしても（故意以外ではほとんど無効だが）、その金額は日給の半額までと上限が決まっているので、「ミスをしたので今日は給料なし」とはできない（労働基準法第九一条）。

なお、ノルマを課すこと自体は違法ではないが、もし「罰金」をとると違法になる。コンビニのアルバイトにおでんの売上ノルマが勝手に設定されて売れなければ罰ゲームが待っていたり、家庭教師のアルバイトで「会社の指定の教材を使わなかったら罰金三万円」といった罰金が設けられていたりした事例があるが、これらの罰金制度はすべて違法であり、実行すれば刑事犯罪である。

自腹購入に関しては、もし買い取りを求められても拒否することができる。法的には会社からの「お願い」にあたると位置づけられるからだ。また、勝手に給料からその分が天引きされていたら、それも明確に違法になるので、後からその分を請求することが可能だ。また、すでに支払ってしまったとしても、取り返すことができるケースがあるので、あきらめる必要はない。実際に、コンビニでひな祭り用のまんじゅうの売上ノルマを達成できず、自分で買い取りをせざるを得なかった学生は、ユニオン(労働組合)に加入することで、後に会社に買い取りさせられたまんじゅうの金額を請求し、実際に支払わせることができた。

もし、罰金やノルマ未達成分を給料から天引きされた場合は、労基署の監督の対象になる。労基法が賃金の全額払いを定めているからである(労働基準法第二四条)。ただし、天引きではなく買い取ってしまった場合は、形式的には「客として勤務先のお店の商品を購入した」ことになるので、労基署は動きにくくなってしまう。だが、ユニオンであれば、購入に至った経緯など実際の中身を見て判断し動くことができるので、その場合はユニオンに相談するほうが有効だと言える。

なお、あまりにもしつこく買い取りを強制している場合には、脅迫や強要にあたる可能性もある。また、買い取らなかったことによって不利益(時給が下がったり、シフトが減らされる)が生じる場合にも、さまざまな法令に違反する。

いずれにせよ、何かにかこつけて罰金をとったり商品を強制的に買わせるのは違法なのだ。繰り返すが、あきらめる必要はない。これらの場合の対処は、労基署への申告やユニオンに入っての交渉であり、買い取りの場合には労基署が取り締まりにくいために、ユニオンでの交渉のほうが有効である。

偽装求人

アルバイトの場合にも、正社員とまったく同様に会社と「契約」を結んだことになるので、そこで約束された条件を会社は守らなければならない。たとえば、時給九〇〇円という契約を結んだのであれば、労働者の同意なしに、一方的に給料をそれ以下に引き下げることはできない。

偽装求人の事案で多いのが、当初まったく言及がされなかった「研修期間」を入社後に適用されて、その期間の給料が低くなっているというものである。これは、契約時に約束した内容を一方的に引き下げているため違法だ。そのため、研修中の時給と本来の時給の差額を後から請求することができる。

その場合、証拠がはっきりしていれば労基署に申告すればよいだろう。当初の契約書と研修中に受け取った給料明細を見比べて、研修中の時給が勝手に引き下げられていれば、明確な証拠となる。これを持って労基署に行けば、対応してもらえるはずだ。

もし証拠がはっきりとしていなくても、ユニオンに相談することで解決につながる可能性もある。契約書を受け取っていなかったりして労働条件を示す書類がなくても、会社との話し合いの中で違法な点を浮き彫りにして、是正させることができる場合があるからだ。

「職場の中心的戦力」になった場合

ブラックバイトが学生に与える影響でもっとも大きいものは、中心的な戦力として学生生活に支障をきたすほど働かせるというものだ。これに関連して、学生の希望に関係なくシフトに入ることを強要することや、頻繁に遠隔地にある他店舗へとヘルプに回されたりすることもある。

これらの問題に対応するには、まず「契約」の内容を確認することが大切だ。当初の契約で、週○回、時間帯は△時から×時まで、勤務場所は○○店と決められていれば、その約束以上にシフトに入ったり深夜労働したり、他店舗へのヘルプに行く必要はない。また、当然だが、希望していないのに会社が勝手に「この日は出勤」と決めたとしても、働く側が合意していないので出勤しなくとも罰することはできない。

ただ、もし「契約」で決まっていなかった場合、シフトに入ることやヘルプに行くことを会社が求めることを規制する法律はない。また、契約書に記載があった場合にも、やはり会社から「求める」ことはできる。もちろん「求める」ことを断ってもよいのだが、その「仕返し」は怖いところだろう。しかし、断りづらかったり、断られた後に気まずくなる、あるいはシフトを減らされるといった事態を回避することは、労基署などの取り締まりでは難しいのだ。

そこで重要になるのが、ユニオン(労働組合)だ。仕事のシフトをどのように決定するのかといった、日常の会社の運営について、労働者が一人で交渉することは難しい。当然、会社とのあいだには力関係があるからで、それは社会人の正社員であっても事情は同じだ。だから、そうした社内の労務管理について、労働者に過剰な負担が出ないようにするために、「対等な交渉」を実現するために、労働組合法が定められている。労働組合に加入することで、会社と集団的に交渉し、合理的な解決を行うことができる。労働組合は会社の外に組織することもできるし、一人で加入しても、企業別組合とまったく同じ法的な権利が発生する。後で紹介するように、学生のアルバイトたちでつくられている労組も、各地に発足している。

賃金不払いなどの違法行為で困っている方、特にシフトが厳しい職場の方は、ぜひユニオンに加入して交渉してほしい（巻末資料を参照）。

「親に迷惑をかけたくない」

親に迷惑をかけたくないと悩まず、行政やユニオンに相談すべきである。留年するなど深刻な事態になってしまえば、必然的に親に連絡を取らざるをえない状況になってくる。その前に必要な措置を講じるべきである。大切なことは、一人で悩まないということだ。たとえ親には言えなくても、労働問題の専門家に相談すれば解決する道筋を考えることができる。

仮に労基署への申告や団体交渉、裁判に移行したとしても、本人が望まなければ、親に連絡が行くことはない。あくまでも権利行使は自分自身の行為だからである。労働市場で取り引きし、労働者として働くときには、必ず「契約」を結んでいるのであり、学生アルバイトであっても一人の人間として「権利」を有し、それを行使しているのだ。その重みは、学生であろうと社会人であろうと、なんら変わらない。

一人の権利をもった個人として、アルバイトの学生にはぜひ、自信を持ってほしい。

もめると就職に響く？

また、多くの学生は「会社ともめると後の就職に響くのではないか」と心配しているかもしれないが、そのようなことはいっさいない。そもそも会社に未払い賃金などを請求したとしても、そのやりとりを行っている人事の一部にしか知られることはない。もし、会社がみだりに請求者の個人名を社内やインターネットなどに公表すれば、名誉毀損などの法的問題を引き起こすことになるだろう。

さらに、法律でも、いわゆるブラックリストを作成してユニオンに入っている労働者や過去に会社に対して請求を行った労働者を判別できるようにしてはいけないと、明確に定められている（労働基準法第二二条四項）。これは刑事罰付きの、非常に強い規制だ。権利行使した労働者の次の就職を妨げる行為は、犯罪なのだ。

付け加えれば、ブラックバイトに関しての労使交渉や裁判は無数に行われているが、彼らは皆、普通に就職できている。学生時代のアルバイトの問題で、権利行使したことが理由となって、就職できなかったケースは、把握している限りでは一件もない。

そもそも、「親や内定先に伝える」「今辞めると就職に響く」と脅し、違法な行為を強いること自体、卑劣な犯罪行為である。このような脅しを受け入れる必要はまったくないので、もし脅しを受けたらすぐに相談してほしい。必ず解決する方法がある。

「おかしい」と思ったら、記録をつけて相談する

これまで、個々のケースについて見てきたが、すべてのケースに共通する解決法は、①「おかしいと思う」、②「記録をつける」、③「相談する」である。

「おかしいと思う」ということは当たり前のように聞こえるが、これが実際にはなかなか難しい。会社は常に自分が正しいというように振る舞い、アルバイトをしている高校生や大学生自身も就労経験に乏しいため、会社の言っていることが「社会の常識」だと考えてしまいがちだからだ。

そのため、常に「会社の言うことがすべてではない」「違法なことをされてしまう可能性がある」と考えておくことが大切だ。厚生労働省の「学生アルバイトの労働条件に関する自主点

検表」も活用するとよいだろう。「おかしい」と思う点は、なんでもよい。最初の約束と違っていたり、やりたくないことをやらされたりと、法律的にどうかということを考える前に、自分もしくは子どもの働き方で「おかしい」と思う点を挙げておこう。

そして、何が「おかしい」のかを記録に残しておくことが、次のステップである。求人票や契約書、シフト表などをとっておけば、後でどう「おかしい」のかを証明する証拠になり得る。また、証拠のとり方は何でもよい。自分のつけたメモだけでも証拠として認められることもある。メモは詳しければ詳しいほどよいが、時間をつけるだけでもあったほうがよい。また、会社のパソコンで出退勤時に記録を取るとか、さまざまな方法で記録を残すことができる。過去には、会社の時計の前で写真をとり、それが証拠として採用された事例もある。

パワハラやセクハラの証拠をとる場合には、ＩＣレコーダーで証拠を録音しておくことが有効だ。そうした証拠をとるための隠し撮りは、違法ではない（最高裁判例）。もちろん、みだりに公開してはいけないが、自分の被害を証明するための使用に限ればよいのだ。

こうした記録の付け方については、『しごとダイアリー２』（堀之内出版）という五〇〇円のメモ帳があり、メモの有効なとり方を指南している。一冊買ってメモの仕方をマスターすれば、後は普通のノートで代用できる。ぜひ活用してほしい。

証拠をとったら、専門家に相談しよう。もちろん、証拠をとる前に相談してもいい。これは医者にかかるときと似ている。初めからインフルエンザの薬をもらいにいく人は普通はおらず、とりあえず体調が悪いので医者にかかり、風邪なのかインフルエンザなのか専門家に判断してもらったうえで、その症状に対応する薬や対処法をもらうのが一般的だろう。労働相談も同様に、何が違法なのかわからなくとも、とりあえずおかしな点を伝えていけば、必ず解決につながるアドバイスをもらうことができる。

ブラックバイトを放っておけば、自分も周りもどんどん巻き込まれていってしまう。そのため、早めの相談が大切だということは強調しても強調しきれない。

子どもや生徒がブラックバイトに巻き込まれないために

ブラックバイトについて、親や教員など周りの人が果たす役割は大きい。ブラックバイトの被害者である高校生や大学生自身には、何が「おかしい」のかを判断することが、より困難だからだ。そのため、子どもや生徒の事情を把握しブラックバイトに巻き込まれていないか、周囲の大人がアドバイスすることが重要である。

自分の子どもや生徒がアルバイトをしているのであれば、彼らのアルバイトの状態に関心を持ち、直接聞くようにしたほうがよい。どのくらいシフトに入っているのか、無理なシフトの強要はあるのか、罰金やノルマなどはあるのか、当初の約束と異なる点があるのか……など、多くのブラックバイトに共通する問題が彼らの職場で起こっていないかどうかを把握してほしい。また、彼ら自身にそのような問題が生じていなくても、先輩や同僚がそのような目にあっているかどうかを確認することも大切だ。というのも、職場に同じような問題があれば、彼らが辞めた際に、自分の子どもや生徒が次のターゲットになってもおかしくないからだ。

なお、相談は親や友人からでもかまわないが、最終的に権利行使を行うのは本人である。周囲の方々が相談に来た場合には、本人をどうやって説得するのかというところから、共に考えていくことになるだろう。

4 立ち上がった人たち

ここまで、外部の機関への相談が重要だということを繰り返し述べてきた。この数年で、ブラックバイトの被害者をサポートする団体が整ってきている。学生を支える教員や弁護士の団体も連携を取り始めているし、学生自身のユニオン(労働組合)も各地に発足している。

本節では、そうした団体をいくつか紹介すると共に、とりわけユニオンがどのように学生の権利行使をサポートしているのか、その具体的な実践を紹介したい。というのも、労働社会の民主主義とは、どの世界においても、どの時代であっても、労働組合の存在なしに語ることができないからである。

学生アルバイトの労働組合について

ブラックバイトへの対処としてもっとも実効的な方法は、労働組合に加入して、会社と「交渉」を行うことだ。「交渉」では自らが過去に受けた被害の回復だけでなく、将来にわたる労働条件の改善や一緒に働く同僚の働き方の改善も可能だ。ここが、その他の権利行使とユニオンによる権利行使の異なるところだ。仮に労基署に申告して未払い賃金が支払われたとしても、それはその学生個人の権利の実現であり、その後も職場が改善するとは限らないだろう。ユニオンでの交渉は、ブラックバイトをなくしていくために有効なのだ。ただし、日本の多くの労働組合は、学生アルバイトのような非正規労働者には門戸《もんこ》を開いていない。

そこで現在、学生が主体となって、学生アルバイトの労働問題を解決するための労働組合が次々とつくられている。私が知るだけでも、札幌、仙台、東京、山梨、京都など全国各地に広がってきている。はじめに紹介するブラックバイトユニオン（所在地・東京、京都、仙台）も、そうしたうちの一つである。

ブラックバイトユニオンの発足

ブラックバイトユニオンは、もともと私が代表を務めるNPO法人「POSSE」で活動していた学生ボランティアを中心に結成された。現在は、東京、京都、仙台で学生アルバイトの相談や会社との交渉に取り組んでいる。

ユニオンの結成メンバーの多くは、POSSEのボランティアとして、学生を含めた若者の労働相談活動に取り組んできた。NPO法人の相談窓口のメリットは何よりも、相談の間口《まぐち》を広げ、その敷居を低められることだ。労働組合が身近に感じられない若者も、NPOなら気軽に相談できるというわけだ。

ただし、POSSEはNPO法人なので、ユニオンと違って団体交渉を行う権利はないため、相談者を勇気づけて、会社と交渉をしようというところまできたら、他の労働組合や弁護士などと連携して問題に対応することが多かった。

ここ数年は、学生からの労働相談がPOSSEにも多く寄せられ、またボランティアスタッフ自身も自らのアルバイト職場について多くの法律違反を経験していた。そこで、自ら労働組合を結成して、労働者としての権利を行使したいと考えたわけである。

ユニオンの結成に中心的な役割を果たしたのが、東京大学修士課程（本書執筆時）の渡辺寛人だ。ブラックバイト問題が学生の貧困化と強い関わりをもっていることはすでに述べたが、彼がPOSSEのボランティアに応募したのも、貧困問題に対する関心からだった。

彼の父親はまだ彼が幼い頃に過労が原因でうつ病にかかってしまい、子どもの頃から生活が苦しかった。友人と一緒に遊んでいても、自分だけ買い食いができないといった辛い経験が、貧困問題に関心を持つきっかけだったという。

大学に入ってからも、今度は奨学金という名の多額の借金を背負い、アルバイトをしながらボランティア活動に参加してきた彼にとって、「ブラックバイト問題は他人事《ひとごと》とは思えない」と言う。

彼はPOSSEの他のボランティアの学生たちを誘い、ブラックバイトユニオンを立ち上げて、自ら共同代表としてこの問題に取り組むことにした。

ブラックバイトユニオンの取り組み

ブラックバイトユニオンには、これまで一〇〇〇件を超える相談が学生から寄せられている。大学生の相談が一番多いが、専門学生や高校生からの相談も一定割合を占めている。相談内容としては、「アルバイトを辞めたい」という相談が一番多い。その一方で「未払い賃金を取り返したい」とか、「職場環境を改善したい」といった相談もある。

最近大きな話題となった「しゃぶしゃぶ温野菜」や明光義塾、湘南ゼミナールなどの事件はこの「ブラックバイトユニオン」に寄せられた相談が発端だった。私をはじめ、NPO法人POSSEの関係者や、仲間の弁護士たち(ブラック企業被害対策弁護団)が協力しているとはいえ、学生自身のユニオンが学生を支え、「しゃぶしゃぶ温野菜」のような深刻な事例も解決しつつあるのだ(第1章参照)。彼らの相談活動は次のようなものである。

相談のきっかけ——母親からのメール

ユニオンが、第1章で紹介した「しゃぶしゃぶ温野菜」でアルバイトをするAさん(大学一年生、男性)から相談を受けたのは、八月初旬のことだった。その頃、Aさんは店長から受けるパワハラがいっそう激しくなり、あまりの長時間労働からテストにも行けない状況に陥っていた。

彼が「ブラックバイトユニオン」に相談した重要な理由がある。実は、彼がまだアルバイトの問題を深刻に考えていないときに、実家にいる母親から、ブラックバイトユニオンの電話番号が映っているテレビ画面を撮影した画像が、メールに添付されて送られていたのだという。もちろん、母親としては、まさか彼がブラックバイトに絡めとられてしまうことになるとは知らずに、「念のため」という思いでメールをしていたはずだ。しかし、彼がブラックバイトで危機的な状況に陥ったときに、彼を救ったのはこのメールだったのだ。

職場から離れることを説得

最初の電話から約一週間、ユニオンは面談をすることもできなかった。連日の休日なしの長時間勤務が原因だ。組合員の学生はAさんの職場近くまで出向き、ようやく話をすることができたという。

Aさんは当初、会社からの損害賠償請求が怖くて辞められないと考えていたが、ユニオンのスタッフは何度も「辞めても大丈夫。会社の損害賠償請求に根拠はないから支払う必要はない」と説得し、ブラック企業被害対策弁護団の弁護士からも「辞めても法的にまったく問題ない」ということを電話で説明してもらった。二時間以上にわたる説得の末、ようやくAさんもお店を休む決心がつき、ユニオンのスタッフの隣で店長に電話をして「しばらく休みます」と伝えることができた。

ユニオンによるエンパワーメント

Aさんは大学を辞めようかとも漠然と考えていたという。店長からの度重なる叱責のため自責の念が強く、誰にも相談できず、不眠やうつ病の症状も出ていた。

そこで、ユニオンのスタッフが付き添ってまずは病院に通うことになった。医師からは、職場の労働環境を原因とする不安障害・うつ状態と診断されている。

また、ユニオンでは、Aさんが泣き寝入りせずにすむよう、積極的にエンパワーメントを行った。まず、ユニオンの学生メンバーが一〇人ほど集まって、Aさんを励ます会を何度も開いてきたという。同世代の学生たちが、Aさんの被害実態を聞き、その違法性や不当性を共有すると共に、一緒に餃子や鍋料理をつくるなどして交流を深めていった。こうしたサポートの中で、自分の受けた扱いは不当なものだったということに、ようやくAさんも気づいていったという。

ユニオンは、Aさんの話をもとに実態の把握に努めていたが、より正確に勤務実態を把握するために、Aさんが勤めていた店舗へ出向くこともした。閉店後の深夜二四時一五分頃に、「しゃぶしゃぶ温野菜」の店舗に行き、店長から事情を聴取した。交渉の末、店長は四カ月連続勤務や十数万円の自腹購入の存在を認めざるを得なかった。

団体交渉の申し入れ

Aさんが団体交渉を申し入れる決意をしたのは、この事情聴取がきっかけだった。第1章で記したように、Aさんは、自らのミスが原因で店長がクビになると聞いており、強い自責の念を持っていた。ところが、事情聴取の際に、それが嘘であったことがわかり、初めてAさんは「ふざけんなと思います」と会社の違法行為につよく憤り、会社に対して団体交渉を申し入れることを決意した。

九月一〇日、ブラックバイトユニオンはフランチャイズ店の運営会社であるDWE Japan株式会社とフランチャイズ本部である株式会社レインズインターナショナルに対し、団体交渉を申し入れた。申し入れた内容は、①損害賠償請求の取り止め、請求権の放棄、②店長を含めた会社社員が無断で当該組合員宅に押しかけないことの誓約、③自腹購入（架空購入）の全額返還、

④約一二時間労働、四カ月連続勤務に関わる未払い賃金の支払い、⑤労働災害(不安障害・うつ状態)に関わる医療費の支払い、⑥今年度前期に大学に通えなくなってしまったことに関わる補償を求めるものだった。

その後、この事件は社会的な注目を集めたこともあり、解決の方向に向かっている。一時は大学を辞めたい、死にたいとまでAさんは考えていた。本当に、ユニオンにつながってよかったと思う。

そして業界全体の改善へ

ブラックバイトユニオンでは、相談者本人のサポートだけでなく、相談者が働く個別企業の改善から、会社全体の改善につなげていくこと、さらには業界全体の改善につなげていく取り組みもしている。その具体的な実践例が、個別指導塾のコマ給問題の改善だ。

同ユニオンでは、設立後数カ月して相談が増えていくにつれ、その中に占める個別指導塾の割合が高いことに気づいたという。相談のうち、二〜三割が塾・家庭教師業界だった。小売業界、飲食業界がそれぞれ相談のうちの二〜三割であることを考えれば、狭い業界であるにもかかわらず、個別指導塾は突出していた。特に問題は業界全体で蔓延する「コマ給」だった。

そんな折、個別指導塾最大手チェーン・明光義塾のフランチャイズ運営会社・ワールドオーエーで働く学生アルバイト講師の男性から相談が寄せられた。やはり、重要な問題はコマ給だった。いくつもいくつも事件を解決しても、小さな教室の事件を繰り返すだけで全体の状況は変わらないと感じていたユニオンは、フランチャイズ本部である明光ネットワークジャパンにも団体交渉を申し入れることにした。

個別指導塾業界全体の問題として社会的な注目を集めるため、ブラックバイトユニオンは新たに「個別指導塾ユニオン」を発足させ、発足と団体交渉申し入れの記者会見を同時に行った。その結果、明光ネットワークジャパンとワールドオーエーの両者ともに団体交渉に応じ、二社同時に団体交渉を行うこととなった。これは異例のことだった。

ユニオン側はその後、全国から集まった明光義塾の講師からの相談を受けて、全国六カ所で労働基準監督署の是正勧告を引き出すことに成功し、さらにフランチャイズ一社ではなく、明光ネットワークジャパンに責任があることを追及し、改善を求めた。その結果、明光ネットワークジャパンとワールドオーエーで働いた従業員に対して二年分の未払い賃金の支払いを実現し、コマ給についても準備や報告時間分の賃金を払うように仕組みを変えることができた。同時に、ユニオンには明光義塾以外の他の個別指導塾からの相談も多く集まり、団体交渉をしている。

始まりは一つの個別指導塾のフランチャイズの教室の一学生アルバイト講師からの相談だった。それを、同じフランチャイズの会社、同じ塾のチェーン全体、さらには業界全体の改善につなげていったのだ。

札幌学生ユニオン——学生による独自のユニオン運動

ブラックバイトユニオンに先立ち、二〇一四年一月三〇日、北海道大学の学生らが札幌学生ユニオンを結成した。呼びかけ人となったのは、北海道大学四年(当時。本書執筆時は同大学修士課程)の下郷沙季さんだ。

下郷さんはそれまでのアルバイト経験の中でさまざまな問題に遭遇した経験から、ユニオンを立ち上げたという。もともとユニオンを立ち上げたメンバーは、昔から関わっていたホームレス支援で知り合った仲間の学生だった。自分たち以外にもアルバイト先でひどい扱いを受けた学生は多く、学生同士で話し合える場がほしかったという。

ただ、バイト先をやめてしまいたいと思ったことは、下郷さん自身にもあるという。それでも続けるのは、「実験としてやってみよう」という思いが強い。「本を読んでいるとよく「団結しよう」「一人では闘えない」と書いてあるけれど、いかに一人で闘うことが難しいのか、身をもって実感したかったんです」。

今後の目標は、いま集まっている職場の仲間でストライキと団体交渉を成功させることだという。また、長期的には、学生が個人で会社と闘うことが難しい状況そのものを改善することも目指している。「よく「君たちのように学生が闘っていけばいいんだ」と言われますが、学生は弱いんです。奨学金や就活といった弱みが大前提です。そこが伝わるように努力していきたいと思っています。そのためには、行政との連携を深めたり、政策を提言したりすることも重要だと思っています」。

首都圏学生ユニオンの火付け役は、――経験豊富な個人加盟ユニオンとの連携

学生ユニオンの火付け役は、「首都圏学生ユニオン」だ。二〇一三年九月に結成された首都圏学生ユニオンは、個人加盟ユニオンとして多くの問題を解決してきた首都圏青年ユニオンと共同で学生バイトの問題に取り組んでいる。

設立時のメンバーは、約二〇名の大学生・大学院生。もともと首都圏青年ユニオンに関わっていたメンバーを中心に立ち上げられた。二〇一二年秋には、ユニオン結成の準備を始めてい

たという。

代表を務めるのは、法政大学(本書執筆時)の岩井祐樹さんだ。岩井さんは自身が家庭環境を背景に金銭的に困窮したため、貧困問題に関心を持つようになり、高校生のうちから貧困運動に関わり始めたという。学生アルバイトユニオンについては、アルバイト先の問題に関心を持ったことが、参加のきっかけの一つになった。

首都圏学生ユニオンでは、岩井さんらメンバーたちが働く職場で団体交渉を行い、学生の力で団体交渉を行えるように経験を積んだ。岩井さんの職場では、自身の未払い分の賃金を払わせたうえ、有給休暇の残日数を全従業員の給与明細に記載させ、就業規則を各店舗の見える場所に置かせるという成果を得ることができた。

さらに、首都圏青年ユニオンの支援を受けて、二〇一五年には二つの学生ユニオンが結成されている。一つは、都留文科大学の学生による都留文科大学ユニオン。中心メンバーは学生ユニオンと一緒に活動している。同様に首都圏高校生ユニオンも結成され、高校生による団体交渉が実践されている。

関西学生アルバイトユニオン——関西にも登場

二〇一五年には、関西にも学生ユニオンが結成された。

共同代表の関西大学四年生（本書執筆時）渡辺謙吾さんは、自身の経験から結成を思い立ったという。

「うちは仕事が多い割に時給が安いよ」。大阪府内の書店でアルバイトを始める際、店長からそう告げられた。聞けば時給は七五〇円。これに対し当時、大阪府の最低賃金は八〇〇円（二〇一五年一〇月一日からは八五八円）。最低賃金は全労働者に適用され、使用者が守らず下回った場合は罰則（五〇万円以下の罰金）もある。

宮城県出身で、親からの仕送りは月四万円。半年働いた後、書店は閉店してしまったが、「アルバイトをしなければ生活費を捻出《ねんしゅつ》できず、条件が悪くても働かなくてはというプレッシャーがあった」と振り返る。

発足時は関西のメディアを中心に大きく取り上げられたこともあり、「関西学生アルバイトユニオン」には関西の高校生・大学生の学生スタッフが続々と集まった。その後、関西の大学や高校での労働法教育の授業や、学生の貧困をテーマにしたデモを行っている。

学生によるユニオン同士の連携も進んでいる。関西学生アルバイトユニオンとブラックバイトユニオンにほぼ同時に、ファミリーマートの同じフランチャイジーに雇用され、別の店舗で働く学生アルバイトから相談が来ることがあった。

情報交換をしている際に、この偶然に気づいた両ユニオンは、二つのユニオンによる合同団体交渉に踏み切った。一つの会社に対して二つのユニオンが同席で交渉するという、新たな取り組みは成功し、学業や就活に配慮するシフトを組むこと、損害賠償を請求しないことなどを約束する文章をつくらせ、アルバイトに告知させることになった。

ブラック企業対策プロジェクト

こうした学生自身のユニオン運動以外にも、学生たちの権利行使を支える弁護士団体や、啓発活動や政策提言に取り組む学生、ＮＰＯなどの団体が動き出している。

私が共同代表を務める「ブラック企業対策プロジェクト」もその一つである。この団体は、研究者・弁護士・労働組合・ＮＰＯなどの専門家が連携し、ブラック企業問題に取り組むために二〇一三年に発足した。

同プロジェクトでは、ブラック企業問題について、「ブラック企業の見分け方」などのＰＤＦの冊子を作成し、インターネット上で公開、無料でダウンロードできるようにしている。その一環として、ブラックバイトの対策法をまとめた「ブラックバイトへの対処法——大変すぎるバイトと学生生活の両立に困っていませんか？」という冊子も無料で提供している。二〇一六年からは、これらの冊子を宣伝するフリーペーパーを作成し、全国の大学生協の購買部で無料配布する取り組みも行っている。

特に、教員のネットワーク化に注力しており、詳細な資料である「【教員・保護者向け】高校生のバイトトラブルの解決方法」をホームページ上に掲載している。これは弁護士を交えて作成したもので、高校生のアルバイトの各種トラブルに、周囲がどのように対応できるのかを具体的に指南している。教員や親が会社に直接請求する際のＦＡＸ送付状のひな形も各種用意されており、今後活用が広がることを期待している。もちろん、大学の教員や大学生の親も利用可能である。

高校教員と連携して団体交渉

さらに、同プロジェクトを通じ、実際に、高校教員とユニオンが共同して高校生のアルバイトの相談を団体交渉で解決した事例もある。神奈川県の定時制高校に通う生徒の相談だ。

生徒は工場で働いており、定時制とはいえ、朝四、五時から昼過ぎ、長いときは一四、一五時頃まで週六日勤務しており、一五時頃からの学校生活に支障がでていた。しかも、最後の五カ月間は給料が全額払われず、生活が困窮して退職せざるを得なくなってしまったのだ。生徒は担任の教員に相談したのだが、その教員は同僚の神奈川県教職員組合の組合員であり、同プロジェクトにも参加していた教諭に相談した。こうしてブラックバイトユニオンと事件当事者の生徒を抱える高校の教員がつながり、連携して事件にあたることになったのだ。

だが、解決のハードルは高かった。社長が夜逃げし、会社は倒産していた。労基署にも相談したが、匙《さじ》を投げてしまった。それでも、このまま生徒をあきらめさせてしまうのは教育上よくない、生徒を助けたいという二人の教員の思いもあり、ユニオンは解決を模索した。

その結果、生徒に詳細な聞き取りをする中で、同社には実質的な親会社があったことが発覚。ブラックバイトユニオンはこの親会社に団体交渉を申し込み、教員も交渉に同席した。会社は当初、雇用関係がないと突っぱねたが、ユニオンや教員は、学校や教員、生徒、保護者や地域の人たちが注目していると訴え、会社側に最終的に未払い賃金の六〜七割を払わせることに成功した。

高校生からのブラックバイト相談において、生徒と信頼の強い高校教員が連携できることは、当事者を支えていくうえで非常に心強い。こうした連携はますます必要になるだろう。

地域の経営者団体と連携、正社員との連携

ユニオンが地域住民と連携をした例もある。京都市の先斗町《ぽんと》での事件だ。先斗町は数百年の伝統があり、祇園とならぶ京都の観光の顔であるが、この飲食街で働く大学生から相談があった。この学生は、テストのためにシフトを調整してもらえないかと店に相談したところ、解雇になってしまった。また、賃金未払いもあった。会社は団体交渉にこそ応じたものの、改善する見通しはなかった。そこでユニオンでは、先斗町の飲食店の経営者たちの団体、先斗町のれん会に相談した。そこでわかったことは、同会でもこの会社は、客引きなど商店街のルールに従わずに自分たちの利益を追求して商店街の環境を乱しており、困っていたということだった。

大学の多い京都市らしく、先斗町では学生アルバイトが重要な労働力であり、学生アルバイトが気持ちよく働ける商店街にしていく必要がある。また、一社が目先の利益のために労働条件で抜け駆けしてしまえば、ルールを守っている他の会社が潰れるか、地域全体の労働条件も引き下げられてしまいかねない。

そこで、飲食街の「のれん会」とブラックバイトユニオンでは、連携して共同声明を出した。「訪れる人がみな笑顔になれる先斗町を守るために、先斗町から「ブラックバイト」をなくし

ます！」と題した声明で、同会もブラックバイトをなくすための取り組みに賛同するという趣旨だ。ブラックバイトは地域の労働力を使い潰し、地域の優良な経営者も淘汰《とうた》してしまう。それを防ぐための実践として、地域の経営者と連携が実現したのである。

さらに同事件では、正社員との連携にもつながっている。相談者である学生アルバイトが、この会社の経営する店舗で働く正社員に声をかけたところ、長時間労働で疲弊したうえ、多額の残業代未払いがあった元正社員の男性が、学生アルバイトと共にユニオンに加盟して団体交渉に参加したのだ。会社側は団体交渉では不誠実な対応を続けたため、男性はユニオンを通じてブラック企業被害対策弁護団の弁護士に相談し、訴訟に踏み切った。訴訟のあいだも、ユニオンは男性をサポートしている。

ブラック企業被害対策弁護団

弁護士たちも立ち上がっている。「ブラック企業」被害にあう当事者を支援する専門家ネットワークの嚆矢となったのが、二〇一三年七月に結成された「ブラック企業被害対策弁護団」である。直接のきっかけは、私がユニクロや「ワタミ」から脅しの「通告書」を送られたことであったが、今ではブラック企業の被害に苦しんでいる人たちの権利救済を図ろうと、全国の弁護士が集っている。北海道から沖縄まで、若手を中心に三〇〇名の弁護士を擁する頼もしい弁護団だ。

弁護団として無料の労働相談ホットラインを不定期に開催しているほか、すでに見たように「ブラック企業対策プロジェクト」にも参加し、法律面で協働している。

また、ブラックバイトという言葉の生みの親、大内裕和教授のいる愛知県でも、新しい取り組みが始まった。名古屋第一法律事務所の若手の弁護士が中心になって、「ブラックバイト対策弁護団あいち」が二〇一四年七月に結成されたのだ。ブラックバイトを冠した全国初の弁護団である。

アルバイトをしている学生から相談を集めるため、ブラックバイト対策弁護団あいちは、無料で労働相談を受け付け、ブラックバイトに関するリーフレットを作成し、無料で配布もしている。高校・大学への出前講座も精力的に行っている。

以上のように、学生自身のユニオン運動が全国で立ち上がると同時に、弁護士、教員、地域、さまざまなところから「学生を助けよう」という取り組みが始まっている。ブラックバイトを社会が包囲し、改善を促していく流れはますます強くなっていくことだろう。

5章

労働社会の地殻変動

ブラックバイトの登場は、日本の「労働社会の地殻変動」ともいうべきものを予感させる。学生アルバイトが「死ぬほど働く」「辞められない」という状況は、非正規雇用の意味や、正社員雇用の意味を、根底から揺さぶるからである。最終章となる本章では、ブラックバイトが投げかける日本の労働社会の変化を考察し、論点を示していきたい。

1　牢獄と化す下層労働

「使い分け」から、底辺に縛り付けるような労働へ

端的に言って、「ブラックバイト」は非正規雇用労働の既成の概念を根本から打ち崩す。日本の非正規雇用労働とは、安い時給制で、雇用保障もない。その代わり、自由度の高い労働であり、責任も軽いものだった。逆に経営者側からすれば、「いつ辞められても仕方がない」労働力だった。だからこそ、正社員はこれとはまったく違う扱いとなった。彼らは年功賃金や雇用保障が期待でき、その分「辞めないだろう」「きつい労働も担うだろう」と期待される労働

力であった。

こうした正規・非正規に雇用は、それぞれの機能によって分断されながら、「使い分け」が行われてきた。この「使い分け」が日本における「雇用システム」を形成してきたといってもよい。非正規雇用は「雇用の調節弁」として差別的に扱われ、正社員は能力開発の対象となる。正規・非正規の関係は「質的柔軟性と量的柔軟性」と表現されてもきた。

そして一九九五年には有名な「新時代の日本的経営」が旧日経連により発表され、非正規雇用を増加させながら正社員と使い分ける「雇用のポートフォリオ」が提起された。日本型の雇用システムをそのままに、非正規雇用の割合を増加させるということだ。そして実際に、二〇〇〇年代以降には、非正規雇用の割合が増加し、これに対する社会的な批判が強まってきたのである。

ところが、今日ブラックバイトが私たちに見せつけているのは「正規・非正規」の雇用格差でも、雇用分断でもない。まして正規・非正規の「上手な組み合わせ」やポートフォリオなどという話でもまったくない。アルバイトであるにもかかわらず基幹的に扱われ、厳しい責任が押しつけられる。これは従来の非正規雇用の位置づけとはまったく異なっている。同時に、正社員の側も「ブラック企業」と化し、雇用保障や将来性を剝奪され、「ブラックバイト」と競合している。つまり、正規・非正規共通の「下層労働市場」が形成されているさまが、商業・サービス業を中心に、見て取れるのである。

この正規・非正規を超える「下層労働市場」のもう一つの特性は、その「縛り付け」にある。アルバイトであれ正社員であれ、劣悪な条件の下で、辞めることもできずに堪え忍ぶような労働だということだ。「リストラ」や「不安定性」が問題になる一方で、同時進行で「辞められない」という状況が全面化している「下層労働市場」の存在は、特筆すべきことだろう。

そして、そのような「縛り付け」を実現するさまざまな労務管理技術も開発されている。まず、まったく異なっている求人情報を意図的に活用する「求人詐欺」だ(これは拙著『求人詐欺』に詳しい)。企業は劣悪な労働条件に縛り付けるために、労働条件を引き上げるのではなく、求人を偽装して採用する。そして、国家はこれをとりしまってはいない。入社後には、社会人であれば「履歴書に傷がつく」ために辞められなかったり、「前借金」としての奨学金の返済があるために辞められない。

学生アルバイトには「一年契約」あるいは「三年契約」を結ばせ、その期間中には辞めさせないように損害賠償を予定する。これは、これまでの非正規問題の構図とまったく逆だろう。有期雇用契約は、これまでは「長いほうが有利だ」と考えられてきた。その期間は解雇されにくなるからだ。短い契約期間を設定することで、企業は簡単に「更新拒否」で解雇することができる。これがこれまでの正規・非正規格差の構図だった。こうした枠組みには、「長く働き続けられることは労働者の利益である」という暗黙の前提がある。もちろん、「正社員」が非正規雇用よりもよいというのも、同じだ。

ところが、今日では「ブラックバイト」も「ブラック企業」も「辞めたいのに辞められない」のだ。契約期間の設定は、「解雇するための脱法行為」ではなく、「辞めさせないための圧力」へと変貌している。

その上、ブラック企業の正社員もブラックバイトも、多くは労働条件を騙されて入社している。特に正社員のブラック企業に多く見られる現象だが、日本の求人票は、入社時の契約書と内容が異なっていても、まったく取り締まられていないのだ。だから、この「下層労働市場」に誘い込もうと、実際よりも高い給与や、多くの休日を標榜する「偽装求人」が氾濫しているのである。

騙されて、辞められず、いつまでも底辺労働市場に縛り付けられる。まるで国家ぐるみで半強制的な労働に従事させられることが横行している、海外から騙して連れてこられる技能実習生のようである。

学生アルバイトの就労先が、このように「下層労働」であることを踏まえれば、第3章で指摘したような「人的資本投資」としてアルバイトを考えることに、いかに無理があるのかもよくわかるはずだ。

さらには、今日「家庭生活と両立できないパート労働」である「ブラックパート」が問題視されている理由も、学生の「ブラックバイト」問題とまったく同じ、この「下層労働」の構図にあるのだ。

労働市場のミスマッチの解消

この現象が少子化による「人手不足」の中で起こっていることも見逃せない。人手不足の状況下で、市場の機能が作用し、労働条件は改善されるはずだと多くの論者が考えている。だが、起こっているのは条件の改善ではなく、「下層労働市場」への縛り付けである。

人手不足でも賃金が上がらない理由は簡単だ。今日サービス業で生じている「人手不足」は単純な労働力不足によるものだけではないからだ。労働需要の側からは、「ワンオペ」に見られるような過酷な労働、激しい繁閑や深夜勤務にフレキシブルに従事し、なおかつ最低賃金水準の雇用こそが必要とされている。こうした働き方では、主婦であれ、学生であれ、対応することは難しい。つまり、無理な働き方に対応できる労働者が少ないから「人手不足」になっているのであり、それが労働市場の「ミスマッチ」の主要な要因である。

本来は、産業の業態を見直すことで労働者の負担を減らすことや、給与など待遇面を改善することで労働力の確保が行われることが、「市場経済原理」にかなっているはずだが、「安く、無理な条件で働かせたい」ということがミスマッチの本来的な要因なのであるから、簡単にはその方向に向かわない。

だから、多くの企業は求人票を「だます」ことで、このミスマッチを解消しようとする。そして入社した後は、アルバイトであれ正社員であれ、その環境に馴致してしまう(前掲書及び『ブラック企業2』文春新書を参照)。こうしたやり方が、とりわけ効果を発揮するのが学生アルバイトであり、他社を知らない新入社員たちなのであろう。

2　非正規雇用の性質変化

「競争の回路」としての雇用分断

次に、「ブラックバイト」の登場は非正規雇用の役割と位置づけを大きく変化させた。

すでに述べたように、「下層労働市場」においては、従来の雇用システムは機能を喪失しつつある。それにもかかわらず、「正規・非正規」の区別はますます存在感を増し続けている。その理由は、正規・非正規雇用の分割は、それぞれの機能を組み合わせる「雇用システム」から、無限の労働へと向かわせる「競争の装置」へと変貌を遂げているからだ。

繰り返しになるが、非正規雇用問題の構図は近年大きく変化してきた。従来、主な担い手は「主婦パート」と「出稼ぎ」であり、「縁辺労働」などとも言われてきた。一方、正社員は男性労働者。彼らが重要な仕事を担い、女性や出稼ぎの農業労働者が部分的な仕事を担う。このように、人間の属性に応じた「棲み分け」がなされてきた。

これに対して、第一段階の変化は、労働の担い手が「家計自立型」になってきたことだ。派遣村の問題に象徴されるように、家計を自立しているにもかかわらず非正規であることは今日珍しくもない。自分で家計をまかなわなければいけないのに、低賃金・不安定が急増したわけだ。これが契約社員や派遣社員というかたちで二〇〇〇年代に「ワーキングプア」問題を引き起こしたのである。ただし、この変化の段階では、非正規雇用は低賃金・不安定ではあるが、ある程度仕事は限定され、残業代も多くの場合支払われていたことに留意しておいてほしい。

その次の段階は、トライアル雇用の登場である。「正社員予備軍の契約社員」として若者を雇用するのがトライアル雇用だ。「契約社員だけど、いずれ正社員になれる。お試し雇用だ」と言われて雇用される。そして、選別され、採用を勝ち取るためにはあらゆる命令に従わなければならない。要するに、サービス残業を命令される。このパターンの登場と軌を一にして、政府も紹介予定派遣を解禁し、同様のトライアル雇用を派遣労働者にも普及させた。

その結果、派遣社員、契約社員であるにもかかわらずサービス残業を命じられることが格段に増えたのである。酷い場合には、足元を見られて正社員より働かされる。「うまくいったら、あなたを正社員にする」と言われながら、半年契約を三年、四年も更新している。その間社員以上にサービス残業をさせられている。こうした相談が、私たちのところには寄せられているのだ。

「棲み分け」から競争の装置へ

繰り返しになるが、これまでの正規・非正規はある種の「組み合わせ」として用いられてきた。かつての非正規雇用問題は、直接的な正社員との競争よりも、分断と差別の支配構造が大きなモードであったといってもよい。それは直接には労働者をサービス残業競争に引きこんでいたわけではなかった。非正規雇用には、非正規雇用としての「立場」があり、経営者も尊重せざるを得なかったのだ。それが変化をしている。

今日現れている正規・非正規の関係は、「正社員↑トライアル雇用」という直接的な競争が、制度化されている点に特徴があるのだ。ブラックバイトは、その制度化された競争構造の、さらに外側に位置づけられている。学生にとってはブラックバイトの経験が、就職活動に有利だとまことしやかに言われ、実際にアルバイト就労の動機の大きな部分を「社会経験」が占めている。学校では「相手に迷惑をかけるな」と教育されていて、学生はブラックバイトを社会経験だと思って耐える。

重要なことは、学生たちにとって、ブラックバイト（社会経験）への参入は、ある種の向上心を担保としている点だ。正社員を目指し、社会人として力を身に付けていく、独立していく、そのためにはバイト先で何を言われてもできなければならない。それができてはじめて、就職も成功するし、その後もアルバイトで学んだことを生かすことができる、そのような意識が形作られている。「想像の職場共同体」への参加は、同時に「社会への参加」「正社員への道」をも含意している。

だから、学生にとってのアルバイトは、もはや時給制の非正規雇用労働という意味を持つだけではない。「社会人として自分がやっていけるのか」を試され、自己承認を確立できるのか、という「存在をかけた労働」の様相さえ呈している。そして、すでに見たように企業の側も巧みにそうした訴えかけを学生に行う。会社の結果責任を負ってこそ、得るもの、学ぶものがあるのであって、けっして時給のために働いていてはだめなのだ、と。

このように、学生のアルバイトにおいても、「トライアル雇用」と同質の、競争の制度の中に巻き込まれている。これが、時給制の学生のアルバイトでさえ、下層労働に縛り付け、なおかつ企業業績の責任へと巻き込んでいるのである。

非正規雇用労働者の「立場」の喪失

下層労働市場の形成と、これに順応させる「競争の装置」への非正規雇用の変貌は、従来の「非正規雇用としての立場」を喪失させた。

もはや日本社会はアルバイトだろうと正社員だろうと、その待遇に関係なく常に企業の業績に責任を負い、自らの生活や価値観をそれに適合しなければならない。それ以外には、労働市場に参入のしようがますますなくなっている(これはパート労働者にもいえる)。

今日の「人手不足」を、ブラックバイト(下層労働市場への縛り付け)によって解決するということは、家庭や学業、そのほか、さまざまな生活上のニーズと企業の要請の矛盾を、一方的に労働側が企業のニーズに適合することで解決することを意味している。

このような状況では、社会が持続可能になることは難しいだろう。日本の正社員は以前から「無限定労働」と呼ばれるような過酷な労働が強いられてきたし、今日では「ブラック企業」が広がっている。その上非正規雇用に対しても「無限定労働」が不安定なままに求められるというのであれば、ますます労働市場は参入しがたいものになるし、介護や子育てに充てる生活時間は削られてしまう。あまりにも救いがない現状ではないか。

3　学生を守る政策を

「アルバイトの立場」をはっきりさせる

このような「下層労働市場」の登場と非正規雇用の性質の変化は、日本の労働政策のイメージに抜本的な転換を迫る。若年労働問題の主要な課題であったのは「正社員化」や、学卒者の円滑な移行であったが、それらはもはや直ちに労働問題の解決を意味しない。

「正社員化を目指す」とか「エンプロイアビリティーを高める」といった方向性が、実はブラック企業やブラックバイトを助長し、際限のない「結果要求」に結びつきかねないからである。

もちろん、正社員のほうが非正規雇用よりも待遇がよいことは今でも多いし、労働の能力を高めることが悪いはずもない。だが、一方で際限のない競争構造に巻き込まれ、下層労働市場に縛り付けられてしまう危険性が、現に存在していることを認識することが大切だ。

だからこそ、自らの権利も教え、また、権利行使の手助けを社会がサポートしていく視点も重要なのである。少なくとも学生のアルバイトに関しては、あくまでも「アルバイトとしての立場」を学生自身も自覚をし、周囲もそれを促し、何よりも企業がきちんとこれを踏まえて雇用管理をすべきである。

また、この問題をより俯瞰《ふかん》的に見るならば、学生のアルバイトに限らず日本社会に「労働者としての立場」の意識を根付かせていくことも大切だ。自らが労働市場で企業に参入し、より待遇のよい企業に入るという意識(個別の劣悪企業に支配されない意識)、そして、入社した後もあくまでも「契約」の範囲で働くのだという意識。これらの意識を養うことが、「下層労働市場」に縛り付けられ、使い潰されることを防ぐためには不可欠だろう。

もちろん、「下層」とはいえないようなエリートクラスの労働者であれば、「契約の範囲で」などといってはいられないかもしれないし、企業に尽くすことで十分な見返りが期待できることもある。ここで提起する解決策は、あくまでも今日「下層」と呼ばざるを得ないほど劣悪となった、商業・サービス業の特定の業種に関するものだということも断っておきたい。

「下層」を「下層」ではないものにするためには、自分の「労働者」としての立場、「契約当事者としての立場」を自覚し、その範囲を明確にし、向上させるための行動をとることが必要なのである。そして、もちろん、これらの行動は個々人の努力だけでは完結しない。日本の労働政策や、労働組合が彼らの「立場」を尊重し、待遇を向上させるように、行動していくことも同時に求められている。

学費の値下げ、給付型奨学金制度の創設

ブラックバイトの問題は、労働政策の範囲を超えた、教育政策の転換も不可欠にしている。将来よい企業に入社するために借りるはずの「奨学金」(教育ローン)が、かえって若者を下層市場に縛り付ける「前借金」へと変貌してしまっているからだ。当然このような状況では、教育ローンを中心に据えた教育政策も見直さざるを得ない。

大学の学費も値上がりが続いているが、これに歯止めをかけることは急務であるし、給付型奨学金制度を一刻も早く創設しなければならない。

また、これまで高校教育では「アルバイトは原則禁止」とすることが一般的であったが、教員は学生たちの経済的状況や日本の労働状況に鑑みて、彼らがアルバイトをする前提に改めて、労働教育やトラブル解決のサポートに注力するべきだ。

もちろん、大学でもよりいっそうの労働教育の進展が必要である。特に、労働法の教育に加え、彼らに「労働者としての立場」を適切に教育する視点が大切だ。労働者の人生には、企業の業績と共に成長する可能性と、それがかなわずに、自らの契約関係を意識し「立場を守る」必要に迫られる可能性が、常に存在する。今日の「キャリア教育」では、前者を暗黙の、絶対の前提においているように見えてならない。

ブラック企業、ブラックバイトは、そうした学校教育の「甘さ」につけ込み、「使い潰し」を行ってきたのではなかっただろうか。

規制緩和論の虚構

さらに、労働規制改革に対する見方も全般的に見直す必要がある。日本では「市場が機能しないから規制緩和が必要だ」「契約関係で働く非正規雇用を増やすべきだ」と叫ばれてきたわけだが、ブラックバイトを踏まえると、むしろ、もっとも規制が働いていない非正規雇用でこそ、まったく労働市場が機能していないことがわかる。
「よい企業が市場で残り、悪い企業が淘汰される」。このように労働市場を機能させるためには、規制緩和ではなく、若い労働者が労働契約の主体として権利行使ができるようになるための労働法教育の拡充やサポートが不可欠だろう。そうでなければ、いくらでも入社後に隷属させられ、契約など無意味になってしまう。

そして偽装求人を予防する法的規制の強化、労働法違反や虐待を防止するためのさまざまな措置も急務である。日本においては、労働市場はあまりにも無法地帯なのであり、市場が機能する条件を根本的に欠いていると言わざるを得ない。そうでなければ、「人手不足でブラックバイトがはびこる」などという倒錯した現状を説明することはできないはずだ。

4　問われる消費者

最後に、ブラックバイトの存在は日本の消費者全体に問題を投げかけている。商業・サービス業の発展で、私たちの生活は格段に便利になった。コンビニエンスストアの多様なサービス、深夜営業の小売店や居酒屋、格安で子どもを教えてくれる個別指導塾……。これらの多くの部分を学生アルバイトが担っている。もはや、彼ら抜きでこれらの産業が成り立つとは考えがたいほどだ。

ただ、これらのサービスを今さら私たちの生活から取り去ることはできない。だからこそ、消費者に求められていることは、意識を変え、「サービスの担い手」に思いをはせることだろう。そして、サービスの背景を知ること、情報を得て最良の選択をすることが必要だ。より労働条件に配慮した企業のサービスを選んでほしいのだ。「ブラックバイト」でトラブルを起こし、反省もしないような企業のサービスは選択しないでほしい。

もちろん、一度問題を起こしたとしても、適切に行政指導や団体交渉に対応し、労働環境を改善した企業は再評価されるべきだ。消費者には、企業が問題に「どう対処しているのか」を含めて見守り、改善をユニオンと共に促す社会の目線になってほしい。そうした目線は学生たちのユニオンを後押しし、彼らを支えることにつながるだろう。

労働の質の改善は、サービスの質の担保にもつながっていくはずだ。会社が労務管理に配慮し、「ブラックバイト」と呼ばれることのない労働環境になれば、学生たちはより創造的に働くことができるだろう。

それが、ひいては消費者にとっての利益にもなるのである。

あとがき

若者の使い潰しの連鎖が、この国を覆っている。

私は二〇一二年に『ブラック企業――日本を食いつぶす妖怪』(文春新書)を上梓し、同書は日本社会の「若い社員の使い潰し」を告発することに役立った。二〇一三年には同書は大佛次郎論壇賞を、「ブラック企業」という言葉は、流行語大賞トップ10も受賞した。政府も対策に乗り出し、「若者雇用促進法」や「過労死防止等対策推進法」が制定され、労働基準監督署には過重労働を特別に捜査する部門も新設された。

――この国は、若者を短期間のうちに使い潰し、将来を破滅させようとしている――こうした訴えかけは、ようやく日本で「労働問題」を見直す機運をつくり出したはずだった。

ところが、残念ながら事態は逆に向かっている。私たちが受ける労働相談も、日々深刻の度を増し、件数も増え続けている。

そして、若い社員はおろか、入社前の学生たちがブラックバイトに使い潰されている。日本はかつてから「過労死」が頻発し、世界でも過酷な労働を強いる傾向があった。それが若い社員たちへも広がり、アルバイトの学生にまで及んでしまった。

私には、日本の企業が「目先の利益」だけを考えて行動し、一過性の利益を求めて若者を使い潰しているように見える。そして、それはますます苛烈《かれつ》になり、広がっている。若者世代では少子化が進み、過労うつの社員が、今や膨大な数に上っている。この使い潰しの経済が、学生にまで及ぼうとしている。

学生たちが学ぶ機会を逸し、あるいは過重労働の末に、学生のうちに精神の健康を病んでしまうとしたら、一体誰がこの国の将来を支えるというのだろうか？

このまま若者の使い潰しが進めば、日本の社会に将来はない。一過性の利益を上げるための一部の企業の行動が、私たちの「未来」をも食い潰してしまいかねない。

この国の使い潰しの連鎖を終わらせるために、この国の未来を守るために、私たちはできることをしなければならないと思う。

周囲の人間がサポートすることで、一人でも多くの学生やその家族が、ブラックバイトの被害を避けてほしいし、被害者にも権利を回復してほしい。そうした一つ一つの努力や権利行使の積み重ねが、この社会全体の「使い潰し」を抑止していくはずだと、私は信じている。

そのためにも、まずは、ブラックバイトの事実を多くの方に知ってほしいと切に思う。本書が日本社会の未来のために、少しでも役立つことを願っている。

最後になるが、本書の作成に尽力してくださった岩波書店の中山永基氏、「ブラックバイト」の知見を最初に教示してくださった大内裕和先生、調査活動に尽力してくださった上西充子先生、本田由紀先生、そしてここでは紹介しきれない数多くの協力者の皆様に、心からの感謝を表して、本書の末尾としたい。

今野晴貴

二〇一六年一月

今野晴貴『ヤバい会社の餌食にならないための労働法』幻冬舎文庫，2013 年
今野晴貴『求人詐欺——内定後の落とし穴』幻冬舎，2016 年
今野晴貴・ブラック企業被害対策弁護団『ドキュメントブラック企業——「手口」からわかる闘い方のすべて』ちくま文庫，2014 年
佐々木隆治『私たちはなぜ働くのか——マルクスと考える資本と労働の経済学』旬報社，2012 年
佐々木隆治『カール・マルクス——「資本主義」と闘った社会思想家』ちくま新書，2016 年
奨学金問題対策全国会議編，伊東達也・岩重佳治・大内裕和ほか著『日本の奨学金はこれでいいのか！——奨学金という名の貧困ビジネス』あけび書房，2013 年
ハリー・ブレイヴァマン著，富沢賢治訳『労働と独占資本——20 世紀における労働の衰退』岩波書店，1978 年
ブラック企業被害対策弁護団『働く人のためのブラック企業被害対策Ｑ＆Ａ——知っておきたい 66 の法律知識』弁護士会館ブックセンター出版部 LABO，2013 年
日本労働社会学会編『日本労働社会学会年報 第 25 号：サービス労働の分析』2014 年
本田由紀「自己実現という罠〈やりがい〉の搾取——拡大する新たな「働きすぎ」」『世界』2007 年 3 月号
本田由紀編『若者の労働と生活世界——彼らはどんな現実を生きているか』大月書店，2007 年
ミシェル・フーコー著，慎改康之訳『ミシェル・フーコー講義集成 8　生政治の誕生』筑摩書房，2008 年

http://www.seinen-u.org/gakusei-union.html

関西学生アルバイトユニオン

uniuni.kanuni@gmail.com

http://kanuni.jimdo.com/

■無料ダウンロード資料

・以下は，ブラック企業対策プロジェクトのホームページよりダウンロードが可能(http://bktp.org/downloads)

「学生アルバイト全国調査」結果公表(全体版)

「【教員・保護者向け】高校生のバイトトラブルの解決方法」

「今すぐ使える！ 労働法教育ガイドブック」

「ブラックバイトへの対処法――大変すぎるバイトと学生生活の両立に困っていませんか？」

■参考文献

阿部真大『搾取される若者たち――バイク便ライダーは見た！』集英社新書，2006 年

伊原亮司『トヨタの労働現場――ダイナミズムとコンテクスト』桜井書店，2003 年

大内裕和・今野晴貴『ブラックバイト』堀之内出版，2015 年

鎌田慧『自動車絶望工場』新装増補版，講談社文庫，2011 年

後藤道夫『収縮する日本型〈大衆社会〉――経済グローバリズムと国民の分裂』旬報社，2001 年

今野晴貴『ブラック企業――日本を食いつぶす妖怪』文春新書，2012 年

今野晴貴『ブラック企業 2――「虐待型管理」の真相』文春新書，2015 年

巻末資料

■無料労働相談先

NPO 法人 POSSE（関東，関西，東北）

03-6699-9359

soudan@npoposse.jp

http://www.npoposse.jp/

ブラックバイトユニオン（同上）

03-6804-7245

info@blackarbeit-union.com

http://blackarbeit-union.com/

個別指導塾ユニオン（同上）

03-6804-7245

info@kobetsu-union.com

http://kobetsu-union.com/

ブラック企業被害対策弁護団（全国）

03-3288-0112

http://black-taisaku-bengodan.jp/

日本労働弁護団（全国）

03-3251-5363

http://roudou-bengodan.org/

ブラックバイト対策弁護団あいち

052-211-2236

（Twitter：@bbbengodan）

札幌学生ユニオン

sapporo.gakusei.union@gmail.com

http://sapporo-gakusei-union.jimdo.com/

首都圏学生ユニオン

03-5395-5359

今野晴貴

1983年宮城県生まれ．NPO法人POSSE代表．ブラック企業対策プロジェクト共同代表．一橋大学大学院社会学研究科博士後期課程修了．博士(社会学)．専門は労働社会学，社会政策．
著書—『ブラック企業——日本を食いつぶす妖怪』(文春新書)［第13回大佛次郎論壇賞受賞］
『ブラック企業2——「虐待型管理」の真相』(文春新書)
『ブラック企業ビジネス』(朝日新書)
『生活保護——知られざる恐怖の現場』(ちくま新書)［上記2著で日本労働社会学会奨励賞受賞］
『日本の「労働」はなぜ違法がまかり通るのか？』(星海社新書)
『ブラックバイト』(大内裕和との共著，堀之内出版)など

ブラックバイト 学生が危ない　岩波新書(新赤版)1602

2016年4月20日　第1刷発行
2023年1月16日　第4刷発行

著　者　今野晴貴《こんのはるき》

発行者　坂本政謙

発行所　株式会社 岩波書店
〒101-8002 東京都千代田区一ツ橋2-5-5
案内 03-5210-4000　営業部 03-5210-4111
https://www.iwanami.co.jp/

新書編集部 03-5210-4054
https://www.iwanami.co.jp/sin/

印刷・三秀舎　カバー・半七印刷　製本・牧製本

ISBN 978-4-00-431602-2　Printed in Japan

岩波新書新赤版一〇〇〇点に際して

ひとつの時代が終わったと言われて久しい。だが、その先にいかなる時代を展望するのか、私たちはその輪郭すら描きえていない。二〇世紀から持ち越した課題の多くは、未だ解決の緒を見つけることのできないままであり、二一世紀が新たに招きよせた問題も少なくない。グローバル資本主義の浸透、憎悪の連鎖、暴力の応酬――世界は混沌として深い不安の只中にある。

現代社会においては変化が常態となり、速さと新しさに絶対的な価値が与えられた。消費社会の深化と情報技術の革命は、種々の境界を無くし、人々の生活やコミュニケーションの様式を根底から変容させてきた。ライフスタイルは多様化し、一面では個人の生き方をそれぞれが選びとる時代が始まっている。同時に、新たな格差が生まれ、様々な次元での亀裂や分断が深まっている。社会や歴史に対する意識が揺らぎ、普遍的な理念に対する根本的な懐疑や、現実を変えることへの無力感がひそかに根を張りつつある。そして生きることに誰もが困難を覚える時代が到来している。

しかし、日常生活のそれぞれの場で、自由と民主主義を獲得し実践することを通じて、私たち自身がそうした閉塞を乗り超え、希望の時代の幕開けを告げてゆくことは不可能ではあるまい。そのために、いま求められていること――それは、個と個の間で開かれた対話を積み重ねながら、人間らしく生きることの条件について一人ひとりが粘り強く思考することではないか。その営みの糧となるものが、教養に外ならないと私たちは考える。歴史とは何か、よく生きるとはいかなることか、世界そして人間はどこへ向かうべきなのか――こうした根源的な問いとの格闘が、文化と知の厚みを作り出し、個人と社会を支える基盤としての教養となった。まさにそのような教養への道案内こそ、岩波新書が創刊以来、追求してきたことである。

岩波新書は、日中戦争下の一九三八年一一月に赤版として創刊された。創刊の辞は、道義の精神に則らない日本の行動を憂慮し、批判的精神と良心的行動の欠如を戒めつつ、現代人の現代的教養を刊行の目的とする、と謳っている。以後、青版、黄版、新赤版と装いを改めながら、合計二五〇〇点余りを世に問うてきた。そして、いままた新赤版が一〇〇〇点を迎えたのを機に、人間の理性と良心への信頼を再確認し、それに裏打ちされた文化を培っていく決意を込めて、新しい装丁のもとに再出発したいと思う。一冊一冊から吹き出す新風が一人でも多くの読者の許に届くこと、そして希望ある時代への想像力を豊かにかき立てることを切に願う。

（二〇〇六年四月）